서울지방변호사회
법제연구원 연구총서 **08**

변호사단체의
자치성 보장방안 연구

서울지방변호사회
집필 이광수 · 정성희 · 조용준

박영사

발간사

 1905년 제정·시행된 이른바 '광무변호사법'에 따라 근대적 변호사제도가 도입되면서 현 서울지방변호사회의 전신인 한성변호사회가 1907년 설립되어 지금까지 110년의 시간을 지내오는 동안, 우리 변호사단체는 법치주의의 확립과 국민의 자유·권리 신장을 위해 누구보다 앞장서 왔습니다. 변호사가 그 본연의 사명을 올바로 수행할 수 있도록 보호하면서 그러한 사명으로부터 일탈하는 행동에 대해서는 규제하는 기능을 스스로 행사하는 것이 변호사단체에 요청되는 공익적 역할이라 한다면, 우리 변호사단체는 지난 시간 동안 이러한 역할을 수행함으로써 법치주의의 토대가 마련되는 데 고유한 역할을 수행해 왔다 할 것입니다.

 그러나 이렇듯 중요한 변호사단체의 위상과 달리 우리 변호사법상 변호사단체의 위상은 제국주의 일본 시절 변호사법의 태도에서 크게 벗어나지 못한 수준을 답습하고 있습니다. 변호사가 사회정의와 인권옹호라는 본연의 사명을 충실하게 수행함에 있어서는 국가권력에 대한 감시와 비판이 불가결한 요소라 할 것인데, 우리의 변호사와 변호사단체에 대해서는 아직도 상당한 정도에 걸쳐 법무부장관의 관여가 허용되고 있는 것입니다.

 서울지방변호사회 제93대 집행부에서 법제연구원으로 하여금 변호사단체의 자치성 보장방안에 관한 연구를 수행하도록 한 데에는 이러한 문제의식이 자리하고 있습니다. 우리 변호사법상 지방변호사회와 대한변호사협회의 자치성이 어느 정도로 보장되어 왔는지를 연혁적으로 고찰함과 동시에 우리보다 일찍 근대적 변호사제도를 시행한 법조 선진국과의 비교연구를 통해 우리 변호사단체가 도달하여야 할 자치성의 수준이어느 정도여야 하며 그러한 수준에 도달하기 위하여 현행 변호사법에서고쳐져야 할 사항들이 무엇인지를 제시하는 것은 변호사단체의 위상을높이는 방편일 뿐만 아니라 우리 사회의 법치주의가 한 단계 성숙하기위해 반드시 도달해야 할 정책목표를 제시하는 일이기도 한 것입니다.

서울지방변호사회 법제연구원 연구총서 제8권으로 발간하게 된 본서는, 서울지방변호사회가 스스로의 존립 근거이자 본질이라 할 수 있는'자치성'에 대해 비판적으로 살펴본 결과물이라는 점에서 매우 의미 있는연구성과라 할 것입니다. 이번 연구에는 이광수 변호사님을 책임연구위원으로 하여 조용준 법제위원회 위원장님과 정성희 변호사님이 연구위원으로 참여하여 주셨습니다. 변호사법상 자치성 지표의 변천 과정에대한 분석과 함께 외국 변호사단체의 자치성에 대한 비교법적 연구, 변호사단체의 자치성 개선방안 모색 등에 대해 깊이 있는 연구를 진행해주신 연구위원님들께 깊은 감사의 말씀을 드립니다. 또한 본서의 출간을 위해 협조와 노고를 아끼지 않으신 박영사 안종만 회장님을 비롯한편집부 관계자 여러분과 본회 법제팀의 노고에도 깊이 감사드립니다.

서울지방변호사회는 지난 2013년 국내 변호사단체 최초로 연구기관인 법제연구원을 설립하여 사법제도 전반에 대한 연구성과를 매년연구총서로 발간하여 왔습니다. 벌써 여덟 번째 연구총서로 발간하게된 본서가 더욱 공정하고 정의로운 사법질서가 형성되는 데 작은 도움이 될 수 있기를 기대합니다.

2017년 1월

서울지방변호사회 회장

김 한 규

서 문

　변호사단체는 제도로서의 변호사를 관리하고 감독하는 일방, 그러한 변호사를 보호하고 발전시키는 것을 목적으로 하는 변호사들의 집합체이다. 헌법의 기본원리와 이념에 속하는 '기본적 인권의 옹호와 사회정의의 실현'을 사명으로 하는 변호사는 주권자인 국민의 결단에 따라 만들어진 제도로서 보호와 발전의 대상인 동시에 그러한 공공의 목적에 부합하기 위한 관리와 감독을 필요로 한다. 이러한 양가적 속성을 모두 충족시키기 위해 변호사에게 가장 중요하게 요구되는 것은 독립성이다. 변호사에게 요구되는 독립성은 의뢰인이나 상대방 등 변호사가 수임하고 있는 법률사건이나 법률사무의 관계인으로부터의 독립뿐만 아니라 그러한 사건·사무와 직접 관련이 없는 국가권력이나 거대사회세력으로부터의 독립을 포함한다. 변호사단체는 변호사가 그에게 부여된 본연의 사명을 온전히 수행하는 과정에서 국가권력이나 거대사회세력으로부터 탄압을 받는 상황에 직면하였을 때, 그 변호사를 보호하는 울타리 역할을 감당해야 한다. 이를 위해 변호사단체에 필요한 것이 바로 단체의 자치성이다.

　그러나 변호사단체의 자치성이라는 관점에서 바라본 우리 변호사법은 많은 부분에서 아직도 개선의 여지가 많음을 알 수 있다. 그동안 30여 차례에 가까운 개정의 연혁에도 불구하고 변호사법은 변호사단체의 자치성에 관해서 일관된 방향을 제시해주지 못하고 갈팡질팡하는 모습을 보여 왔다.

　이 연구서에서는 위와 같은 문제의식에서 출발해서 변호사단체의
자치성을 가늠하는 지표로 ① 변호사 등록 과정에 있어서의 자치성 정
도, ② 법무법인 등의 설립 및 조직과 활동의 자치성 정도, ③ 변호사
징계에서의 자치성 정도, ④ 지방변호사회의 입회·설립·기구조직·활
동에 있어서의 자치성 정도, ⑤ 대한변협의 입회·설립·기구조직·활
동에 있어서의 자치성 정도, 이상 다섯 가지를 설정하고 이 다섯 가지
지표들이 우리 변호사법에서 그동안 어떻게 구현되어 왔는지를 제정
변호사법부터 2016년 현재의 변호사법까지 연혁적으로 고찰하는 한편
우리보다 앞서 오래 전부터 변호사제도를 발전시켜 온 외국의 경우와
비교함으로써 우리 변호사법이 변호사단체의 자치성을 보장하고 강화
하기 위해서 나아가야 할 방향이 무엇인가를 살펴보고자 하였다. 연혁
적 고찰을 통하여 우리 변호사와 변호사단체의 자치성은 일정한 방향
성을 가지고 발전해 온 것이 아니라 그때그때 외부 세력의 의사에 따
라 부침을 겪어 왔음을 확인하였고, 독일, 프랑스, 일본, 영국 등 우리
보다 상당 기간 앞서 변호사제도를 시행하고 발전시켜 온 국가들의 변
호사제도를 살펴보면서 우리 변호사법상 변호사단체의 자치성 보장은
아직도 요원한 과제임을 확인하였다. 변호사단체의 자치성 보장이 변
호사단체의 이익을 위한 것이 아니라, 대한민국 헌법의 기본원리인 자
유민주주의와 법치주의를 구성하는 사법제도의 한 축을 이루면서 국
가권력이나 거대사회세력으로부터 국민의 자유와 권리를 수호하는 것
을 기본 사명으로 하는 변호사들이 그 사명을 제대로 수행할 수 있도
록 관리하고 격려하기 위해서 반드시 필요한 제도적 장치라는 점에서,
변호사단체의 자치성 보장은 더욱 강화되는 방향으로 발전해야 한다
는 것이 이 연구서의 결론이다.

　약간의 선행 연구가 이 연구서에서 다룬 자치성의 지표를 단편적

으로 다루기는 하였지만, 변호사단체의 자치성 보장이라는 당면 목표를 설정하고 그 목표를 구현하기 위한 지표들을 종합적으로 연구한 연구결과는 이 연구서가 최초라고 할 수 있다. 아무도 가지 않은 길을 가는 것은 대단히 어려운 일이다. 김한규 회장님께서 이끄는 서울지방변호사회 제93대 집행부가 이 연구의 진행을 흔쾌히 결정하여 주지 않았더라면 아직도 우리 변호사단체의 자치성 보장은 일시적이고 산발적인 몸부림에 그치고 말았을 것이다. 이 자리를 빌려 깊은 감사를 드리고 싶다. 연구의 수행에 있어서는 조용준, 정성희 두 연구위원께서 책임연구위원의 부족한 부분을 메워주시면서 적절한 조언과 역할분담으로 그 길을 무사히 헤쳐 나올 수 있었다. 혹시라도 책임연구위원의 비재(非才)가 두 분의 출중함을 가린 것은 아닌지 염려된다.

　　연구서의 마지막에 기술한 것처럼 변호사단체의 자치는 국민의 이해와 지지가 뒷받침되어야만 비로소 달성할 수 있는 이념으로서 변호사단체가 국민들로부터 신뢰를 받고 그 신뢰를 기반으로 제대로 된 변호사 자치를 실현하기 위해서는 변호사법과 변호사윤리규약의 내용을 국민적 기대를 충족시킬 수 있는 수준으로 정비하여야 하며, 그러한 규범이 규범력을 제대로 발휘할 수 있도록 지속적으로 회원들을 교육하고, 규범 위반에 대한 엄중한 제재를 부과하는 자세를 가질 필요가 있다. 이 연구서가 변호사단체의 그러한 활동에 방향을 제시하는 등불이 되기를 기대한다.

2017년 1월
서울지방변호사회 법제연구원
책임연구위원 이 광 수

차 례

Ⅲ. 외국 변호사단체의 자치성 지표　65

I. 총 설

　　문자적으로 변호사단체란 변호사들이 모인 집합체를 가리킨다. 이러한 변호사단체에는 대한변호사협회(이하 대한변협이라고 약칭한다), 각지방변호사회를 비롯하여 여성변호사회, 한국사내변호사회, 민주사회를 위한 변호사모임 등 각양각색의 단체들이 있다. 이러한 단체들을 크게 나누어 보면 법률에 근거규정을 두어 설립된 법정단체와 해당 단체의 회원이 되고자 하는 자들이 자발적으로 의사를 모아서 설립한 임의단체의 두 가지 형태로 나누어 볼 수 있다.

　　임의단체는 그 성격에 따라 「공익법인의 설립·운영에 관한 법률」이나 민법상 사단법인 또는 재단법인에 관한 규정의 적용을 받는 외에는 원칙적으로 설립과 운영의 자유가 보장된다. 헌법상 결사의 자유가 보장되기 때문이다. 그러나 법정단체는 사회 공공의 필요나 그밖에 특별한 목적에 따라 법률에 그 설립과 운영에 관한 규정을 두고 그 규정에 따라 설립되고 운영되는 단체로서 법률상 특별한 지위와 권한이 부여되는 단체를 의미한다. 법률상 특별한 지위와 권한이 부여되는 만큼 그에 상응하는 규제도 수반된다.

대한변협과 지방변호사회는 변호사법에 설립의 근거를 두고 있는 법정단체이다. 대한변협과 지방변호사회는 단체인 이상 당연히 회원을 전제로 하며 회원들은 자발적으로 규약을 만들어 단체를 구성하게 된다. 그 규약 중 가장 상위의 규범력을 갖고 있는 규약이 회칙이다. 한편 대한변협과 지방변호사회는 회원들로 구성된 단체인 동시에, 법률상 특별한 목적을 위하여 설립된 단체라는 점을 반영하여 법률이나 대통령령 등 규범의 규율을 받는다. 이러한 규범의 대표적인 형태가 변호사법과 변호사법 시행령이다.

변호사단체의 자치성과 관련하여 변호사법은 법무부장관에 의한 관리와 감독을 기본적인 구도로 설정하고 있다. 이러한 구도 하에서 변호사단체의 자치성이란 어떻게 보면 매우 생소한 개념이라고 할 수도 있다. 그러나 이 연구의 목적은 현행 변호사법과 변호사법 시행령 등 규범에 관한 해석론을 제시하는 것이 아니다. 이 연구의 목적은 그와 같은 해석론에 있어서 준거점으로 삼아야 할 이념적 지표를 제시하고 그 이념적 지표에 따라 장차 변호사법령과 제도를 어떻게 고쳐나가야 할 것인지에 관한 방향을 제시하고자 하는 것에 있다.

이 연구는 '변호사단체의 자치성 보장방안에 관한 연구'이다. 변호사단체의 자치성 보장은 변호사의 자치성 보장을 포섭하는 표지이다. 양자는 분리되지 않는다. 아울러 자치성 보장방안이라는 주제의 의미는 자치성을 보장하기 위한 방안을 모색한다는 것이다. 그 취지에는 변호사단체의 자치성이 보장되어야 한다는 명제와, 현재의 변호사법에서는 그러한 자치가 충분히 보장되어 있지 못하다는 점을 당연한 전제로 하고 있다. 이 명제와 전제가 과연 당연한 것인지 여부는 검증해 볼 필요가 있다. 이 연구의 Ⅱ.에서는 위와 같은 명제가 과연 당연한 것인지 여부를 변호사 및 변호사단체의 본질적 속성에 입각해서 살펴보게 될 것이다. 이를 통하여 변호사단체의 자치성이 필요하다는 명제가 당연한 것이라는 점을 논증한 후 과연 과거부터 현재의 변호사법에 이르기까지 우리 변호사법에서 그러한 자치가 어떻게 구현되어 왔는지 살펴보면서 현재의 변호사법 중에서 변호사단체의 자치성이 충분히 보장되지 못하고 있는 부분이 어떤 부분인지 여부를 살펴보게 될 것이다. 다음으로, Ⅲ.에서는 외국의 변호사자치에 관한 태도를 살펴보면서 이 연구서에서 지적하는 우리 변호사법상 변호사자치의 저해요소들이 연구자의 독단적인 관점에 입각한 것이 아니라 보편적인 관점에 입각한 당연한 요구임을 논증하고자 한다. Ⅱ.와 Ⅲ.의 논증과 검토를 통하여 우리 변호사법상 변호사단체의 자치성 저해요소들이 명확하게 드러나게 될 것이다. 마지막 부분인 Ⅳ.에서는 변호사단체의 자치성이 충분히 보장되기 위하여 어떻게 우리 변호사법과 제도를 개선할 것인지 그리고 그 개선은 어떤 방법과 절차를 거칠 것인지 여부를 살펴보면서 마무리를 짓고자 한다.

이 연구의 목적상 변호사로 구성된 단체 중 임의단체는 연구대상에서 제외하고 법정단체인 대한변협과 지방변호사회만을 대상으로 한다. 서술의 편의상 대한변협과 지방변호사회를 하나로 묶어서 서술하는 경우에는 '변호사단체'라고 할 것이다. 지방변호사회는 2015. 12. 31. 기준으로 14개가 설립되어 있다. 지방변호사회별로 그 구성과 조직, 운영 양태는 거의 대부분 비슷하지만 세부적인 부분에서는 다소 차이를 보이기도 한다. 지방변호사회별로 차이가 나는 세부적인 부분까지 모두 살펴보는 것은 자칫 나무를 살펴보다가 숲을 보지 못하는 어리석음을 저지를 가능성이 있으므로, 지방변호사회에 관한 사항은 원칙적으로 서울지방변호사회만을 기준으로 살펴보도록 할 것이다. 서

울지방변호사회는 2015. 12. 31.을 기준으로 대한변협에 등록한 17,424
명의 변호사 중 12,758명이 입회하고 있는 지방변호사회로서 명실상부
대표적인 지방변호사회라고 할 수 있기 때문이다.

Ⅱ. 변호사단체의 자치성 보장의 필요성과 변호사법상 자치성 지표의 변천

1. 변호사단체의 자치성 보장의 필요성

가. 총 론

변호사단체에 자치성이 보장되어야 하는 이유는 변호사단체의 구성원이 '변호사'라는 점에 있다. 변호사들은 변호사의 직무를 조직적·전문적으로 수행하기 위하여 조직체를 구성할 수 있는데 법무법인, 법무법인(유한), 법무조합 등이 그러한 조직체에 해당한다. 이러한 조직체들은 변호사 개인으로 수행하는 직무를 보다 더 효과적으로 수행하기 위하여 만들어지게 된다. 변호사단체 역시 변호사들로 구성된 조직체라고 할 수 있지만, 변호사 개인으로 수행하는 직무를 조직적·전문적으로 수행하는 것을 목적으로 하지 않는다. '제도로서의 변호사'를 관리하는 것이 변호사단체의 주된 설립목적이다. '제도로서의 변호사'를 관리함에 있어서 '감독'이라는 규제적 요소가 포함되는 것은 당연하지만, '감독'만이 '관리'의 모든 속성을 충족시켜주는 것은 아니다. '제도로서의 변호사'를 유지하고 발전시키는 것 역시 '관리'의 속성 속에 당연히 포함되는 것으로 보아야 한다.

한편, 변호사단체를 구성하는 기본 단위는 변호사라는 관점에서 변호사단체의 설립목적에는 '제도로서의 변호사' 관리라는 목적 이외에 또 다른 목적이 포함되어 있다고 보아야 한다. 그 목적이란 변호사단체에 속한 변호사들의 지위를 보호하고 그들의 권익을 옹호하여야 한다는 목적이다. 이러한 목적은 변호사단체에만 특유한 요소가 아니라, 구성원들의 결합을 통하여 형성되는 모든 조직체의 기본적인 존재원리라고 할 수 있다. 일상적인 상황에서 자기 손이나 발을 잘라내는 조직은 더 이상 조직으로서 존립할 수 없기 때문이다.

변호사단체에 자치성이 보장되어야 한다는 명제는 변호사단체의 설립목적에서 비롯된다. 그 설립목적은 위에서 살펴본 것처럼 ⅰ) '제도로서의 변호사'를 관리하는 공익적 목적과, ⅱ) 구성원인 변호사들의 지위를 보호하고 그들의 권익을 옹호하여야 하는 단체 본연의 목적을 모두 포함하고 있다. 그런데 이 두 가지 목적은 언뜻 보기에 양가(兩價)적이다. ⅰ)의 목적은 공익적인 성격을 띠는 반면, ⅱ)의 목적은 속된 표현으로 '밥그릇 지키기'로 치부될 수 있는 사익적인 성격을 띤다. 전혀 성격이 다른 것처럼 보이는 이 두 가지 목적은 서로 조화를 이루기보다는 충돌하는 것처럼 보이는 것이다. 변호사단체의 설립목적에서 변호사단체의 자치성 보장 필요성을 이끌어내고자 한다면 이러한 양가적 목적들 중 어느 하나의 가치를 우선할 것인지 아니면 양가적 목적들 사이에 적절한 타협점을 모색해야 하는 것인지 여부가 관건이 될 수 있다. 그러나 반드시 두 가지 중 하나의 길만 있는 것은 아니다. 위에서 제시한 두 가지 목적이 양가적인 것처럼 보이기는 하지만 좀 더 자세하게 살펴본다면 두 가지 목적이 반드시 그렇게 충돌하는 것은 아니라는 결론에 이를 수 있기 때문이다. 이제 이러한 양가적인 요소들 속에서 어떻게 변호사단체에 자치성이 보장되어야 한다는 명제가 도출될 수 있을 것인지를 살펴보도록 하겠다.

나. 헌법적 제도로서의 변호사단체

변호사법은 지방변호사회의 설립목적은 '변호사의 품위를 보전하고, 변호사 사무의 개선과 발전을 도모하며, 변호사의 지도와 감독에 관한 사무를 하도록 하기' 위한 것(제64조 제1항)으로, 대한변협의 설립목적은 '변호사의 품위를 보전하고, 법률사무의 개선과 발전, 그 밖의 법률문화의 창달을 도모하며, 변호사 및 지방변호사회의 지도 및 감독에 관한 사무를 하도록 하기' 위한 것(제78조 제1항)으로 각 선언하고 있다. 변호사의 직무가 법률사건과 법률사무의 처리라고 할 것이므로 (변호사법 제3조, 제109조), 지방변호사회의 설립목적과 대한변협의 설립목적은 그 실질에 있어서 별반 다르지 않다고 할 수 있다. 대한변협의 설립목적에 포함되어 있는 '법률문화의 창달'은 대한변협이 헌법상 기본제도에 해당하는 '사법제도(司法制度)를 구성하는 한 축(軸)'이라는 점을 선언하고 있는 것으로 볼 것이다. 설립목적에 관한 규정의 문언이 상이하다고 해서 지방변호사회는 사법제도의 일부를 구성하지 않고 대한변협만이 사법제도의 일부를 구성한다고 볼 것은 아니다. 지방변호사회는 대한변협을 구성하는 기본단위이기 때문에(제79조 참조),[1] 지방변호사회 역시 사법제도의 한 축의 역할을 담당하기 위하여 설립된 단체라고 할 것이다.

대한변협과 지방변호사회가 국가기관이 아님에도 불구하고 사법제도의 한 축에 해당한다는 점은 중요한 시사(示唆)이다. 사법제도가

---

[1] 변호사법 제79조는 대한변협의 설립에 관하여 지방변호사회가 연합하여 대한변협의 회칙을 정하고 법무부장관의 인가를 받아 설립하며, 회칙을 변경할 때에도 마찬가지라고 규정하고 있다. 이 점은 각 지방변호사회가 대한변협을 구성하는 기본단위라는 점을 명확하게 선언하고 있는 것으로 볼 것이다.

대한민국 헌법의 기본원리인 자유민주적 기본질서를 구성하는 '헌법적 제도'라는 점에서 변호사단체는 '헌법적 제도'의 일부에 해당하는 것이다. 변호사단체가 '헌법적 제도'의 일부에 해당하는 이상, 변호사단체에 관한 규율은 사적(私的) 영역이 아닌 공적(公的) 영역에 속하게 된다. 일반적인 관념상 사적 영역에는 자치와 자율의 원리가 지배하는 반면, 공적 영역에는 공익실현을 위한 규제와 타율의 원리가 지배한다. 변호사법에서 변호사와 변호사단체에 대하여 규정하고 있는 규정들은 거의 대부분 규제의 양태를 규범화한 것들이다.

　　이 연구의 주제는 '변호사단체의 자치성 보장방안'이다. 변호사단체가 '헌법적 제도'의 일부에 해당하여 그 규율이 공적 영역에 속한다고 하면서도 공적 영역을 규율하는 기본원리인 규제와 타율의 원리가 아닌 자치성의 보장이 필요하다고 주장하는 것은 모순이 아닌가 하는 의문이 제기될 수 있다. 결론부터 제시하자면 그렇지 않다는 것이다. 공적 영역에 속한다고 하여 '규제와 타율의 원리'만 지배하는 것은 아니다. 공적 영역에 속하기는 하지만 그 공적 영역에서 구현하고자 하는 공익의 속성에 따라서 어떤 조직에 대해서는 규제와 타율의 원리가 지배적인 원리가 되는 반면, 다른 조직에 대해서는 '독립과 자율의 원리'가 지배적인 원리가 되기 때문이다. 행정부는 규제와 타율의 원리가 지배하는 가장 대표적인 공적 영역이라고 할 수 있다. 반면에 헌법재판소를 포함한 사법부는 독립과 자율의 원리가 지배하는 대표적인 공적 영역에 해당한다. 비단 사법부만이 아니라 국가인권위원회나 감사원과 같이 그 조직에 요구되는 공익적 목적을 제대로 구현하기 위해서는 독립과 자율의 원리가 강하게 요청되는 조직은 얼마든지 존재한다. 검찰조직 역시 '준사법기관(準司法機關)'이라고 부를 정도로 독립과 자율의 원리가 강하게 요청되는 조직의 한 예이다. 마찬가지 원리로 변호사단체 역시 공적 영역에 속하기는 하지만 변호사단체에 요구되는 공익적 목적의 구현을 위해서는 규제와 타율의 원리가 아니라 독립과 자율의 원리가 강하게 요청되는 조직이라고 할 수 있는 것이다.

다. 변호사단체에 요구되는 공익적 목적

앞에서 우리는 변호사단체는 헌법적 제도의 하나에 해당하기 때문에 그에 관한 규율은 공적 영역에 속한다고 보면서도 변호사단체에 대한 공익적 요청의 필요상 변호사단체를 규율하는 원리는 독립과 자율의 원리여야 한다고 보았다. 그런데 변호사단체가 '헌법적 제도'라는 이유로 '보호'와 '발전'의 대상이 되어야 한다면, 다른 모든 국가기관 역시 '보호'와 '발전'의 대상이 되어야 한다고 볼 수 있다. '보호'와 '발전'을 위하여 변호사단체에 자치성이 보장되어야 한다면, 마찬가지로 다른 모든 국가기관도 자치성이 보장되어야 하는 것이다. 그러나 모든 국가기관에 자치성이 보장되는 것이 아님은 이미 앞에서 살펴보았다. 모든 국가기관에 자치성을 보장해야 할 필요성이나 당위성도 존재하지 않는다. 그렇다면 변호사단체에 요구되는 공익적 목적이 무엇이기에 변호사단체의 규율에 독립과 자율의 원리가 구현되어야 한다는 것인지를 제시할 수 있어야 할 것이다. 이제 변호사단체에 요구되는 공익적 목적이 무엇인가에 관하여 살펴보고자 한다.

변호사단체의 설립목적에는 '제도로서의 변호사'를 관리하는 목적이 포함되어 있음은 이미 앞에서 살펴보았다. 통상 '관리'의 의미에는 '감독'과 '규제'의 속성이 관련되는 것으로 이해된다. 그러나 반드시 '감독'과 '규제'의 속성만 관련된다고 볼 이유가 없다. 경우에 따라서는 '보호'와 '발전'의 속성 역시 '관리'에 관련된다고 할 수 있다. 멸종 위기의 야생 동·식물을 '관리'한다고 할 때의 '관리'는 '감독'과 '규제'가 아니라 '보호'와 '발전'을 의미한다. '보호'와 '발전'이라는 목적을 달성하기 위하여 일정한 '감독'과 '규제'가 수반되기는 하지만 그 '감독'과 '규제'는 부수적인 것이고 그를 통하여 달성하고자 하는 '보호'와 '발전'이

본질적인 목적인 것이다. '제도로서의 변호사'를 '관리'한다고 하는 경우에 있어서도 그 '관리'를 통하여 달성하고자 하는 목적은 '감독'과 '규제'가 아니라 '보호'와 '발전'이다. '감독'과 '규제'는 '보호'와 '발전'을 위한 수단에 불과하다.

　여기서 당연히 제기될 수 있는 질문은 '제도로서의 변호사'를 '보호'하고 '발전'시켜야 하는 이유는 어디에 있는 것인가 하는 질문일 것이다. 그 대답은 변호사제도의 존재이유에서 찾을 수 있다. 변호사법은 제1조에서 변호사의 사명을 '기본적 인권의 옹호와 사회정의의 실현'이라고 선언하고 있다. '기본적 인권'이란 인간이 천부적으로 향유하는 인권뿐만 아니라, 대한민국 헌법이 보장하고 있는 기본권을 아우르는 표현이다. '사회정의' 역시 대한민국 헌법의 기본이념이다. 헌법은 전문에서 '정의·인도와 동포애로써 민족의 단결을 공고히' 하는 것을 대한민국의 기본책무라고 천명하고 있다. 변호사의 사명이 헌법의 기본원리와 이념에 속하는 '기본적 인권의 옹호와 사회정의의 실현'에 있는 이상, 변호사제도는 헌법의 기본원리와 이념을 구현하기 위한 제도에 해당한다. 변호사단체가 '헌법적 제도'일 뿐만 아니라 변호사 역시 '헌법적 제도'라고 할 수 있는 것이다. 헌법적 제도는 주권자인 국민의 결단으로부터 만들어지는 것이므로, '헌법적 제도'인 변호사제도는 주권자인 국민의 결단으로 만들어진 것이다. 변호사제도가 '보호'와 '발전'의 대상이 되어야 하는 이유는 여기에 있는 것이다. '제도로서의 변호사'가 '보호'와 '발전'의 대상인 이상 그 변호사들을 '보호'하고 '발전'시키는 것을 목적으로 하는 변호사단체는 당연히 '보호'와 '발전'의 대상이 되어야 한다. 변호사단체에 요구되는 공익적 목적이란 바로 이처럼 '헌법적 제도'인 변호사제도를 '보호'하고 '발전'시켜야 한다는 목적을 가리킨다.

　그러나 변호사제도가 헌법의 기본원리와 이념을 구현하기 위한 제도라는 사실과 그렇기 때문에 '보호'와 '발전'의 대상이 되어야 한다는 당위적 명제 사이에는 아직 연결고리가 약하다. 다른 모든 국가기관의 존재의의도 헌법적 가치의 구현에 있다고 할 수 있으나, 그 모든 국가기관이 전부 다 '보호'와 '발전'의 대상이 되어야 하는 것은 아니기 때문이다. 어떤 조직이 '보호'와 '발전'의 대상이 되는가, 아니면 '감독'과 '규제'의 대상이 되는가 여부를 나누는 기준은 그 조직이 어떤 방법으로 헌법적 가치를 구현하는가에 있다고 할 수 있다.

변호사제도의 연원을 살펴보거나, 현재 변호사제도가 우리 사회에서 차지하고 있는 역할을 살펴볼 때 변호사가 그 존재이유인 헌법적 가치를 구현하는 방법은 상대적으로 약자이거나 소수에 해당하는 편을 도와 국가권력이나 정의롭지 못한 사회거대세력과 맞서거나, 이러한 권력과 거대세력을 감시하고 비판하는 데에 있다. 국가권력이나 거대세력이 이러한 감시와 비판에 대응하는 방법은 두 가지이다. 하나는 회유이고 다른 하나는 탄압이다. 변호사법에서 변호사에게 여러 가지 형태로 규제를 가하고 있는 것은 변호사를 이러한 '회유'로부터 보호하기 위한 것이다. 그러한 규제들의 가장 핵심적인 요소는 변호사의 '독립성'이다. 독립성이 없는 변호사는 변호사라고 할 수 없다. 변호사에게 요구되는 독립성은 의뢰인이나 상대방 등 변호사가 수임하고 있는 법률사건이나 법률사무의 관계인으로부터의 독립뿐만 아니라 그러한 사건·사무와 직접 관련이 없는 국가권력이나 사회거대세력으로부터의 독립을 포함한다.

변호사법은 변호사의 독립성을 보장하기 위한 여러 가지 규정들을 마련하고 있다. 그러나 변호사를 '탄압'으로부터 보호하기 위한 제도는 제대로 마련되어 있지 아니하다. 형사사건의 변호인에게 보장되는 각종 권리는 변호사에게 특유한 보호제도라고 볼 수 없다. 이러한 입법적 공백을 메워주는 역할이 바로 변호사단체의 역할이다. 변호사가 그에게 부여된 본연의 사명을 온전히 수행하는 과정에서 국가권력이나 사회거대세력으로부터 탄압을 받는 상황에 직면하였을 때, 그 변호사를 보호하는 울타리의 역할을 담당하는 조직이 바로 변호사단체인 것이다. 변호사단체에 요청되는 공익적 요청이란 바로 변호사들이 본연의 사명에 온전히 충실할 수 있도록 변호사들을 보호하여야 한다는 요청이다. 변호사단체가 변호사를 보호하고자 할 때 그 보호의 대척점(對蹠點)에 서는 존재가 바로 국가권력과 사회거대세력이다. 변호사단체가 국가권력과 사회거대세력으로부터 변호사를 제대로 보호하고자 할 때 가장 필요한 요소가 바로 변호사단체의 자치성 보장인 것이다.

　이상의 내용을 정리하자면 이와 같다. 변호사는 기본적 인권 옹호와 사회정의 실현을 사명으로 한다. 이러한 사명을 온전히 구현하기 위한 변호사의 직무수행은 언제나 국가권력이나 사회거대세력과의 긴장관계에 놓이게 된다. 이러한 긴장관계로부터 변호사는 끝없이 회유나 탄압에 노출되게 된다. 회유나 탄압으로부터 변호사를 보호하기 위한 변호사의 무기는 독립성이다. 변호사의 독립성은 변호사 혼자만의 힘으로는 제대로 지켜내기가 어렵기 때문에 변호사를 도와서 변호사의 독립성을 강화시켜 줄 수 있는 조직이 필요하다. 그 조직이 바로 변호사단체이다. 변호사단체에 요구되는 공익적 요청은 바로 변호사의 독립성 보호라고 할 수 있다. 변호사에게 독립성이 요청되는 것과 마찬가지로 변호사단체에도 독립성이 요청된다. 변호사단체에 요청되는 독립성의 표현이 바로 '자치성'이다. 변호사단체에 자치성의 보장이 필요한 이유는 변호사단체로 하여금 그 단체에 요청되는 변호사의 독립성 보호라는 공익적 필요를 제대로 충족시키도록 해야 하기 때문이다. 변호사단체의 자치성 보장은 달리 표현한다면 결국 변호사단체의 독립성 보장이라고 할 수 있다.

여기서 변호사제도의 보호와 발전은 변호사 개개인의 보호와 발전과 동의어가 아니라는 점에 유의할 필요가 있다. 대체적으로는 변호사 개개인의 보호와 발전이 곧 변호사제도의 보호와 발전에 이르게 된다고 할 수 있다. 그러나 경우에 따라서는 변호사제도가 보호받고 발전되기 위해서는 변호사 개개인에 대해서는 규제와 감독이 요구되는 경우도 있다. 규제와 감독이 보호와 발전의 반의어는 아니지만 변호사 개개인을 위축시킨다는 점에서 보호와 발전에 친숙한 용어는 아니라고 할 것이다. 변호사 개개인이 수인하는 규제와 감독을 통하여 변호사제도가 외부의 유혹이나 탄압으로부터 보호받고 발전할 수 있는 경우가 있다. 예를 들어 변호사들의 직무수행과 관련하여 과다보수를 금지하거나, 변호사가 아닌 자와의 동업이나 제휴를 엄격하게 규제하고 위반 여부를 감독하는 것은 변호사 개개인의 입장에서 볼 때에는 매우 불편한 제도라고 할 수 있다. 그러나 이러한 규제와 감독은 변호사제도에 대한 사회적 신뢰와 변호사의 독립성을 확보하기 위해서는 매우 중요한 도구로 기능하게 된다. 변호사단체의 자치성 문제는 이러한 규제와 감독을 변호사단체가 자치적으로 할 수 있느냐 그렇지 않으면 변호사단체가 아닌 국가권력을 비롯한 외부에서 타율적으로 하고 있거나, 명목상으로는 변호사단체가 관리와 감독의 권한을 보유하고 있는 것처럼 보이지만 그 실질에 있어서 외부에서 상당한 정도로 관여하고 있느냐 여부에 달려있는 것이다.

2. 변호사단체의 자치성 지표

변호사단체에 자치성이 어느 정도나 보장되었는지 여부를 판단하기 위해서는 지표가 필요하다. 그 지표는 변호사단체가 자치성을 필요로 하는 근거가 무엇인가에 따라 달라질 수 있다. 변호사단체에 자치성을 요청하는 근거를 변호사의 독립성 보장에서 구한다고 한다면, 변호사단체의 자치성을 가늠하는 지표로는 변호사의 입회 및 등록, 변호사의 징계에 관하여 변호사단체가 어느 정도나 권한을 행사할 수 있는지 여부 — 그 반대적 관점에서 변호사단체가 아닌 국가기관이나 외부에서 변호사의 입회와 등록 및 징계에 어느 정도나 관여하여 권한을 행사할 수 있는지 여부 — 가 가장 중요한 지표라고 할 수 있다. 변호사의 업무를 조직적·전문적으로 수행하기 위해서 조직하는 법무법인이나 법무법인(유한), 법무조합 등(이하 이 연구에서는 특별히 세 가지 조직을 따로 따로 기술해야 하는 경우가 아니라면 세 가지 조직을 모두 '법무법인 등'이라고 약칭한다)의 경우에는 그 설립이나 해산이 변호사의 입회·등록이나 징계에 해당할 수 있는 요소들이므로 이러한 설립이나 해산에 대한 외부의 관여 정도가 마찬가지로 자치성의 지표가 될 수 있다.

　　한편, 변호사단체의 설립과 조직 및 활동이 오로지 변호사들에 의해서 자율적으로만 이루어지는지, 아니면 그 과정에 국가권력 등 외부에서 어느 정도나 관여할 수 있도록 되어있는지 여부 역시 변호사단체의 자치성 정도를 판단함에 있어서는 매우 중요한 지표라고 할 것이다. 일본의 경우 일본변호사연합회는 변호사의 자치를 변호사의 자격 등록, 징계, 재정 세 가지 항목으로 설명하고 있다.[2] 재정의 문제는 일반적으로 단체의 자립성 정도를 평가함에 있어서는 중요한 속성이라고 할 수 있겠으나, 대한변협이나 각 지방변호사회는 물론 이 연구에서 비교대상으로 삼고자 하는 외국의 변호사단체 중 재정적 자립의 취약성이 문제되는 단체는 없다고 할 것이므로 이 연구에서는 재정 지표는 제외하는 것이 적절할 것이다.

　　이에 이 연구에서는 변호사단체의 자치성 지표를 변호사의 등록의 자치성 정도, 법무법인 등의 설립과 조직 및 활동의 자치성 정도, 변호사 징계의 자치성 정도, 변호사단체의 설립(입회 포함)과 조직 및

---

2 http://www.nichibenren.or.jp/jfba_info/autonomy.html(2016. 5. 20. 최종방문).

활동의 자치성 정도로 설정하되, 변호사단체는 지방변호사회와 대한변협의 경우를 나누어 살펴보고자 한다. 어떤 단체이든지 단체의 자치성과 관련하여 본다면 '입회'가 중요한 요소이고, '등록'은 중요한 요소가 아니다. '등록'은 국가의 공적 행정사무를 변호사단체가 위탁받아서 수행하는 것이기 때문이다.[3] 그러나 변호사의 독립성 측면에서는 변호사의 '등록'에 국가권력 등 외부의 관여 정도도 중요한 영향을 미치는 요소가 된다. 이에 이 연구에서는 변호사의 등록에 관한 자치성을 '입회'와 구별되는 하나의 지표로 독립하여 살펴보고자 하는 것이다. 대한변협의 경우 입회와 등록이 하나의 절차로 결합되어 진행되기 때문에 등록에 관한 문제는 곧 대한변협 입회에 관한 문제와 동일성을 가지므로 양자를 구별하여 살펴볼 필요가 없다. 그러나 지방변호사회의 경우에는 입회와 등록경유가 별개의 절차로 나뉘어 있기 때문에 양자를 구별하여 살펴볼 필요가 있다. 이런 관점에서 변호사단체의 설립, 조직, 활동에 관한 자치성 지표를 살펴봄에 있어서 지방변호사회와 대한변협을 나누어 살펴보는 것이 적절할 것이다. 지방변호사회의 경우에는 입회 허부의 자치성 여부가 지방변호사회 존립의 출발점이 된다는 점에서 어떤 의미에서는 설립의 자치성보다도 더 중요한 자치성 지표가 될 수 있다.

이상의 내용을 정리하자면, 이 연구에서 설정하는 변호사단체의 자치성 보장의 지표는 ① 변호사 등록 과정에 있어서의 자치성 정도, ② 법무법인 등의 설립 및 조직과 활동의 자치성 정도, ③ 변호사 징계에서의 자치성 정도, ④ 지방변호사회 및 대한변협의 입회·설립·기구조직·활동에 있어서의 자치성 정도 이상 네 가지이다. 다만 지방변호사회와 대한변협을 구분하여 살펴본다면 자치성 지표는 다섯 가지로 분류할 수 있게 된다.

| 3 서울지방변호사회 법제연구총서 05 『변호사법개론』(2016), 422면 참조.

이러한 지표들이 현실에서 제도로 구현되어 있는 형태가 바로 변호사법이라고 할 수 있다. 우리 변호사법은 1947. 11. 7. 법률 제63호로 제정된 이래 무려 29차례의 개정[4]을 거쳐 지금에 이르고 있다. 그 개정의 역사를 한 마디로 집약한다면 '변호사 및 변호사단체에 대한 자치성 보장과 타율적 규제 사이의 경쟁의 역사'라고 할 수 있다. 대부분의 제도는 과거보다 발전된 내용으로 진화하므로, 현재의 모습이 가장 발전된 모습이라고 할 수 있다. 그러나 변호사법은 변호사단체의 자치성과 관련해서 살펴볼 때, 현재의 모습이 가장 발전된 모습이라고 볼 수 없다. 물론 변호사단체에 대하여 자치성보다는 규제와 감독이 더 필요하다는 입장을 취한다면 다른 평가를 내릴 수도 있을 것이다. 이와 같이 변호사단체에 대하여 규제와 감독이 더 필요하다는 입장에 대해서는 논외로 한다. 변호사단체의 자치성 보장이 우리의 헌법적 가치에 비추어 당위성을 갖는 요청임은 이미 앞에서 살펴보았으므로 논의를 되돌릴 필요가 없을 것이다.

3. 변호사단체의 자치성에 관한 변호사법의 연혁

이제 제정 변호사법부터 시작해서 현재의 변호사법에 이르기까지 변호사단체의 자치성과 관련된 다섯 가지 지표가 어떻게 반영되어 왔는지를 각 지표별로 살펴보고자 한다. 다만 연혁적 고찰의 편의상 자치성 지표의 두 번째 항목인 법무법인 등의 설립 및 조직과 활동의 자치성 정도를 가장 마지막에 살펴보게 될 것이다. 이러한 연혁적 고찰을 통하여 현재의 변호사법이 변호사단체의 자치성 보장의 관점에서 가장 발전된 모습이 아니라는 점이 드러나게 될 것이다.

---

4 2015. 12. 31. 기준.

가. 변호사의 등록
(1) 제정 변호사법

1947. 11. 7. 법률 제63호로 제정된 변호사법(이하 '제정 변호사법') 하에서 변호사의 등록에 관한 사항은 모두 법무부장관에게 귀속되어 있었다. 구체적인 내용은 다음과 같다.

변호사로서 업무를 개시하자면 법무부에 비치된 변호사명부에 등록되어야 하고(제7조), 변호사명부에 등록을 원하는 자는 그 입회하려는 변호사회를 경유하여 법무부장관에게 등록청구서를 제출하여야 한다고 규정(제8조)함으로써, 변호사로서 업무를 개시할 수 있는지 여부를 결정하는 권한을 법무부장관에게 부여한 것이다. 변호사회의 소속을 변경하고자 하는 경우에도 법무부장관에게 등록의 변경을 청구하도록 규정하였고(제8조 제2항), 변호사가 소속 변호사회를 퇴회하고자 하는 경우에도 마찬가지로 법무부장관에게 등록취소를 청구하여야 하였다(제9조 제3항). 변호사에 대한 등록취소권도 법무부장관에게 속하였다(제10조). 법무부장관은 변호사의 등록에 관한 세부적인 사항을 정할 수 있는 권한도 보유하였다(제12조). 이외에도 법무부장관은 필요한 경우에는 변호사의 개업지(開業地)를 지시할 수 있는 강력한 권한을 보유하고 있었다(제8조 제3항). 다만 휴업하고자 하는 경우에는 법무부장관에게 신고를 하는 것으로 휴업이 가능하도록 하였다(제9조 제2항).

제정 변호사법 시행 당시는 해방 직후라서 아직 대한변협이 설립되지 않은 채 지방변호사회들만 존재하고 있던 상황이었다는 사정을 감안하더라도 이렇듯 변호사의 등록에 관하여 국가기관인 법무부장관이 전권을 행사하는 입법례는 근대적 변호사제도를 도입한 나라에서는 그 유례를 찾아보기 어려운 것이었다. 특히 법무부장관이 변호사의 개업지를 지시할 수 있도록 규정한 부분은 공무원의 신분을 갖지 않는 변호사에 대해서는 매우 이례적인 체제였다고 할 수 있다. 제정 변호사법이 이렇듯 변호사의 등록과 개업에 관하여 법무부장관에게 강력한 권한을 부여한 것은 일본 제국주의 치하의 변호사법의 태도를 그대로 이어받았기 때문인 것으로 보인다.

(2) 제6차 개정 변호사법(전부개정 1982. 12. 31. 법률 제3594호)

최초로 변호사법을 전부개정하면서 변호사의 자격등록 및 소속변경등록과 등록취소에 관한 권한이 법무부장관으로부터 대한변협으로 넘어오게 되었다(제7조, 제9조, 제13조). 대한변협에서 등록을 거부할 수 있도록 하는 근거규정도 제6차 개정에서 비로소 도입되었다. 즉 등록을 신청하는 자에게 변호사의 자격이 없거나 결격사유가 있다고 인정하는 경우에는 대한변협 이사회의 결의를 거쳐 등록을 거부할 수 있도록 한 것이다(제8조 제1항).

대한변협의 등록거부에 대해서는 통상의 행정상 쟁송절차가 아니라 법무부장관에게 이의를 신청하여 다툴 수 있는 것으로 하였다(제8조 제3항). 법무부장관은 이의신청이 이유 있다고 인정하는 경우에는 대한변호사협회에 대하여 당해 변호사의 등록을 명하도록 하였다(제8조 제4항). 그러나 이 명령에 대하여 대한변협이 불복하거나 또는 이의신청을 기각하는 경우에 등록신청자가 불복할 수 있는 절차에 관해서는 아무런 규정이 없어 해석론에 맡겨지게 되었다.

한편 대한변협에 등록이 된 변호사라고 하더라도 등록취소사유, 즉 변호사의 자격이 없거나, 결격사유에 해당한다고 인정하는 경우에는 법무부장관이 대한변협에 그 변호사의 등록을 취소하도록 명령할 수 있는 권한이 인정되었다(제14조). 등록취소의 사유가 있다고 판단하는 경우에 지방변호사회는 종래 법무부장관 대신 대한변협에 이를 보고하는 것으로 변경되었다(제13조 제3항).

한편 변호사의 자격등록에 관한 규정을 정비하여 자격등록을 위하여 소속하고자 하는 지방변호사회를 경유하는 경우에 지방변호사회는 그 자격 유무에 관하여 의견서를 첨부할 수 있도록 하였다(제7조 제3항). 그러나 지방변호사회가 등록신청 과정에서 입회 허부를 심사할 수 있는 권한의 명문화는 이루어지지 않았다.

변호사의 휴업·폐업의 절차 역시 자격등록의 절차와 마찬가지로 소속하고 있는 지방변호사회(소속변경의 경우에는 변경하여 입회하고자 하는 지방변호사회)를 거쳐 대한변협에 신고를 하도록 하였다(제11조, 제12조). 개업하거나 사무소를 이전하는 경우에도 마찬가지로 지방변호사회를 거쳐 대한변협에 신고하는 것으로 변경되었다(제10조).

등록심사제도가 도입됨에 따라 심사기간을 3개월로 규정하면서 이 기간을 경과하도록 등록을 하지 아니하는 경우에는 등록을 거부한 것으로 간주하였다(제8조 제2항). 등록거부 간주와 등록 간주는 등록을 위한 심사를 충실히 할 수 있느냐 없느냐를 결정짓는 중요한 문제이다. 등록 간주제도는 충실한 등록심사를 가로막는 중대한 장애가 된다는 점에서, 이후의 변호사법 개정 과정에서 등록거부 간주제도가 등록 간주제도로 변경된 점은 매우 아쉬운 부분이다.

대한변호사협회는 변호사의 등록 및 등록거부, 소속변경등록 및 그 거부, 개업, 사무소이전, 휴업 및 등록취소에 관한 사항을 지체 없이 소속 지방변호사회에 통지하고 법무부장관에게 보고하도록 하였다(제16조). 변호사의 자격등록·변경등록·등록취소 및 개업이나 휴업, 폐업 등에 관한 처리권한이 모두 대한변협에 귀속되게 됨에 따라 사후처리를 위한 통지와 보고의무의 주체도 대한변협으로 변경된 것이다.

제6차 개정 변호사법의 내용을 한 마디로 정리하자면 변호사의 등록 및 등록거부, 소속변경등록 및 그 거부, 개업, 사무소이전, 휴업 및 등록취소에 관한 사항을 처리하는 권한이 법무부장관으로부터 대한변협으로 이전되는 내용으로 개정이 이루어진 것이다. 법무부장관은 그 권한을 대한변협에 이전하여 주는 대신, 대한변협으로부터 보고를 받고, 등록거부에 관한 이의신청의 결정이나 등록취소명령 등을 통하여 대한변협에 대한 감독자의 지위를 더욱 확실하게 하였다고 볼 수 있다.

그러나 이러한 과정에서 종래 대한변협을 구성하는 기본 단위일 뿐만 아니라 변호사의 등록 및 등록거부, 소속변경등록 및 그 거부, 개업, 사무소이전, 휴업 및 등록취소에 관한 사항의 처리에 있어서 대한변협에 버금가는 지위에 있던 지방변호사회는 상대적으로 그 입지가 약화되었다고 볼 수 있다. 지방변호사회의 권한이 강화된 내용은 하나도 없기 때문이다.

(3) 제10차 개정 변호사법(일부개정 1995. 12. 29. 법률 제5055호)

대한변협에 등록심사위원회를 신설하여 제8조에 따라 변호사의 등록을 거부하고자 하는 경우와 제13조에 따라 변호사의 등록을 취소하고자 하는 경우에는 종전의 이사회가 아닌 등록심사위원회의 의결을 거치도록 하였다.

등록심사위원회는 대한변협에 속한 조직으로 등록심사위원회의 심사절차와 운영에 관하여 필요한 사항은 대한변호사협회가 정하도록 하였지만(제8조의6), 그 구성은 법원행정처장이 추천하는 판사 2명, 법무부장관이 추천하는 검사 2명, 대한변호사협회 총회에서 선출하는 변호사 4명, 대한변호사협회의 장이 추천하는 법과대학 교수 1명의 위원으로 구성하고, 위원장과 간사 각 1명을 두되 위원회에서 호선하도록 함으로써 위원회 구성은 대한변협으로부터 독립성을 가질 수 있도록 하였다(제8조의3). 대한변협의 장은 등록심사위원회의 의결이 있을 경우 이에 따라 등록이나 등록거부 또는 등록취소를 할 수 있을 뿐, 그 의결절차를 생략하거나 의결 결과에 반하는 등록이나 등록거부를 할 수 없도록 하였다(제8조의5). 이는 변호사의 등록절차를 공적 행정사무의 처리절차로 파악하여 변호사단체에만 일임하지 않고 외부위원이 과반수를 차지하는 등록심사위원회로 하여금 결정하도록 한 것이라고 볼 수 있다.

그리고 변호사의 등록을 거부할 수 있는 사유에 종래의 ① 변호사의 자격이 없는 경우와 ② 변호사 결격사유에 해당한다고 인정하는 경우 외에 ③ 심신장애로 인하여 변호사의 직무를 수행함이 현저히 부적당하다고 인정되는 경우와 ④ 결격사유에 해당하였다가 그 사유는 소멸되었으나 변호사의 직무를 수행함이 현저히 부적당하다고 인정되는 경우를 추가하였다(제8조 제1항).

등록심사기간은 종전 3개월에서 2개월로 단축되었고, 그 기간을 경과하도록 등록이 이루어지지 않거나 등록을 거부하지 않은 경우에는 등록이 된 것으로 간주하는 것으로 변경되었다(제8조 제2항). 등록기간이 단축된 것도 충분한 심사를 기할 수 없게 만드는 문제적 개정이었을뿐더러, 등록심사기간을 경과한 경우의 효과를 등록거부간주에서 등록간주로 전환한 부분은 심각한 문제이다. 등록신청인이 심사에 필요한 자료의 제출을 해태하는 방법 등으로 심사를 지연시키기만 하더라도 변호사로 등록이 된 것과 같은 효과를 거둘 수 있도록 되었기 때문이다. 이를 방지하려면 심사가 불충분한 상황에서도 무조건 등록을 거부해야 한다는 결과가 되는데, 이는 불필요한 행정력의 낭비요인이 될 뿐이었다. 이 등록간주규정은 이후 지금까지 계속 유지되고 있어서 변호사단체의 충실한 등록심사를 가로막는 대표적인 장애요소의 하나가 되고 있다.

변호사의 자격등록에 관하여는 위와 같이 대한변협의 권한을 약화시키는 개정이 이루어졌으나 소속변경등록이나 개업신고, 휴업이나 폐업의 경우에는 종전과 동일하게 지방변호사회를 거쳐 대한변협이 변경등록을 하도록 하였고, 그 과정에서 변경등록에 관한 심사나, 변경등록을 거부할 수 있는 여지는 전혀 인정되지 않았다.

(4) 제14차 개정 변호사법(전부개정 2000. 1. 28. 법률 제6207호)

등록거부사유에 '공무원으로 재직 중 형사소추 또는 징계처분(파면 및 해임을 제외한다)을 받은 사실이 있거나 직무에 관한 위법행위로 인하여 퇴직한 자로서 변호사의 직무를 수행함이 현저히 부적당하다고 인정되는 경우'(제4호) 및 이러한 사유로 인하여 등록이 거부되거나 등록이 취소된 후 2년을 경과하지 아니한 경우(제5호, 제6호)가 신설되었다. 종래의 등록거부사유 중 '결격사유에 해당하였다가 그 사유는 소멸되었으나 변호사의 직무를 수행함이 현저히 부적당하다고 인정되는 경우'는 삭제되었다.

(5) 제21차 개정 변호사법(일부개정 2008. 3. 28. 법률 제8991호)

등록거부사유 중 제8조 제1항 제4호를 '공무원 재직 중의 직무에 관한 위법행위로 인하여 형사소추 또는 징계처분(파면 및 해임은 제외한다)을 받거나 퇴직한 자로서 변호사의 직무를 수행하는 것이 현저히 부적당하다고 인정되는 자'로 변경하였다. 이를 개정 전의 요건과 비교하여 보면, '직무에 관한 위법행위로 인하여 퇴직한 자'의 요건은 개정 전과 동일한 요건이다. 그러나 형사소추나 징계처분을 받은 경우에는 이를 '직무에 관한 위법행위로 인한 경우'로 한정함으로써 개정 전에 비하여 등록을 거부할 수 있는 사유의 범위를 축소시켰다. 등록 거부사유의 축소는 등록심사에 관한 변호사단체의 권한이 축소되었다는 것을 의미한다. 반대로 위법행위를 저지른 공직자라 하더라도 직무관련성이 없는 위법행위라면 형사소추나 징계처분을 받지 아니하고 사직처리를 한 후 변호사로 등록하는 것을 막을 방법이 없다는 의미가 된다.

대한변협의 등록심사기간은 종전 2개월에서 3개월로 늘어났다. 그러나 등록기간 경과의 효과는 여전히 등록거부간주가 아닌 등록간주의 태도를 유지하였다(제8조 제2항).

등록심사위원회의 구성에 있어서 대한변협의 장이 추천하는 법학교수의 수는 종전처럼 1명으로 하였으나, 법원행정처장이 추천하는 판사와 법무부장관이 추천하는 검사의 수가 각 1명으로 감축되면서, 대신 대한변호사협회 총회에서 선출하는 변호사의 수가 4명으로 늘어났고, 대한변호사협회의 장이 추천하는 경험과 덕망이 있는 자로서 변호사가 아닌 자가 2명 추가되었다(제10조). 변호사 위원의 수가 절반에 미치지 못하는 점은 종전과 동일하나, 대한변협의 장이 추천하는 위부 위원의 수가 3인으로 늘어났다는 점에서 대한변협의 위상이 종전보다 강화되었다고 평가할 수 있을 것이다.

(6) 제28차 개정 변호사법(일부개정 2014. 5. 20. 법률 제12589호)

제28차 개정에서는 등록거부사유 중 제8조 제1항 제4호에 변경이 이루어졌다. 우선 재직 중 형사소추된 경우와 관련하여 ① 직무관련성의 요건이 삭제되었고, ② 과실범으로 기소된 경우를 제외하는 것으로 요건이 수정되었다. 다음으로 징계처분의 경우에도 ① 직무관련성의 요건이 삭제되었고, ② 면직의 경우도 제외되었다. 면직의 경우를 제외한 것은 재직 중 위법행위로 징계를 받아 면직된 경우가 변호사의 결격사유로 추가(변호사법 제5조 제6호)되어 이 부분을 별도의 등록거부 사유로 규정할 필요성이 없어졌기 때문이다. 이에 따라 재직 중 형사소추되거나 징계처분을 받은 경우에는 직무관련성이 없는 경우라도 등록을 거부할 수 있게 되었다. 위법행위와 관련하여 퇴직한 경우에도 그 위법행위의 범주를 직무 관련성이 있는 위법행위로 한정하는 법문을 삭제함으로써 재직 중 직무관련성이 없는 위법행위인 경우 위법행위를 저지르고도 형사소추나 징계처분을 받지 아니하고 퇴직하여 변호사로 등록할 수 있었던 관행을 차단시킬 수 있게 되었다.

아울러 위 제4호에 해당하여 등록을 거부하는 경우에는 1년 이상 2년 이하의 등록금지기간을 탄력적으로 설정할 수 있도록 하였다(제8

조 제1항 제2문). 등록금지기간을 설정하는 권한은 등록심사위원회에 전속하므로 직접적으로 변호사단체의 자치성이 신장된 것은 아니라고 할 수도 있다.

나. 변호사 징계

(1) 제정 변호사법

제정 변호사법상 변호사에 대한 징계는 법무부장관이 위원장이 되고 법무부 국장 이상의 직위에 있는 자와 변호사가 각 2인의 동수로 구성되는 변호사징계위원회가 담당하였다(제19조). 법무부장관이 임명권을 행사하는 속성상 비록 변호사라 하더라도 법무부장관의 의중을 반영한 위원이 임명될 것이라는 점을 제외하더라도 법무부 측 인사가 과반수를 점하도록 징계위원회를 구성하는 이상, 법무부장관이 마음만 먹으면 변호사에 대한 징계절차가 개시되도록 하는 데에는 아무런 장애가 없었던 체제라고 할 수 있다.

징계개시의 신청권은 검찰총장에게 있었다(제20조). 검찰총장은 변호사가 변호사법이나 변호사회 회칙을 위반한 경우에 직권 또는 신고에 의하여 징계위원회에 대하여 징계개시의 신청을 하도록 한 것이다. 해당 변호사가 속한 변호사회의 장은 직접 징계개시를 신청할 권한이 없었고, 단지 검찰총장에게 신고를 할 수 있을 뿐이었다.

징계위원회의 처분에 대하여 불복이 있는 경우에는 그 통지를 받은 날로부터 7일 이내에 대법원에 즉시항고를 할 수 있도록 하였고 행정구제절차는 별도로 마련되어 있지 않았다(제22조).

(2) 제2차 개정 변호사법(일부개정 1962. 9. 24. 법률 제1154호)

징계위원회의 위원 수를 6인으로 변경하여 위원장 1인과 6인의 위원으로 구성하는 것으로 하였고, 동수의 예비위원을 두도록 하였다(제19조 제2항).

(3) 제4차 개정 변호사법(일부개정 1973. 1. 25. 법률 제2452호)

징계위원회의 구성을 위원장 1인과 5인의 위원으로 변경하였다(제 19조 제1항). 법무부장관이 위원장을 맡는 것은 종전과 동일하되, 위원 과 예비위원은 법무부 국장 이상의 직에 있는 자 중에서 각 2인, 법관 중에서 각 2인과 변호사 중에서 각 1인을 법무부장관이 임명 또는 위 촉하는 것으로 개정하여(제19조 제3항), 종전보다 변호사위원의 수를 축 소하였다.

변호사에 대한 업무정지명령제도가 도입되어 변호사에 대하여 약 식명령청구가 아닌 정식 기소가 이루어진 경우에는 법무부장관이 그 변호사의 업무의 정지를 명할 수 있도록 되었다(제40조 제2항). 이 업무 정지명령제도는 제6차 개정 변호사법(전부개정 1982. 12. 31. 법률 제3594 호)에 그대로 이어졌으나, 단지 공소가 제기되었다는 사유만으로 변호 사의 업무를 정지시키는 것은 무죄추정의 원칙에 반한다는 이유로 위 헌판정이 나게 된다.

(4) 제5차 개정 변호사법(일부개정 1973. 12. 20. 법률 제2654호)

대한변협 회장[5]에게 징계개시 신청권이 부여되어 변호사가 변호 사법이나 소속변호사회 및 대한변호사협회의 회칙을 위반한 경우에 대한변협 회장은 검찰총장과 마찬가지로 직권 또는 신고에 의하여 징 계개시의 신청을 하도록 개정되었다(제20조).

징계절차의 진행에 있어서 징계심의기간을 정하여 징계혐의자에 게 통지하도록 하였고(제23조 제4항), 징계혐의자는 그 심의기일에 출석 하여 서면 또는 구술로 자기에게 유리한 사실을 진술하고 필요한 증거 를 제출할 수 있게 되었다(제23조 제5항).

---

5 제정 변호사법부터 제6차 개정 이전까지의 변호사법에서는 대한변협의 대표 를 협회장이 아닌 협회 회장으로 지칭하였다.

(5) 제6차 개정 변호사법(전부개정 1982. 12. 31. 법률 제3594호)

제6차 개정 변호사법에서 변호사의 등록에 관한 권한은 법무부장 관으로부터 대한변협으로 이전되었지만, 변호사의 징계에 관한 권한은 여전히 법무부에 남아 있었다. 변호사징계는 법무부장관이 위원장이 되고, 위원은 법원행정처장이 추천하는 판사 중에서 각 2인, 검사 중에 서 각 2인(다만, 위원 1인은 법무부차관으로 할 수 있다) 및 대한변호사협회 의 장이 추천하는 변호사 중에서 각 2인 등 6인을 법무부장관이 임명 또는 위촉하도록 하였다. 예비위원도 마찬가지였다(이상 변호사법 제71 조). 변호사의 수가 1인 증가하였고, 법무부 측 인사가 절반에 미달하 여 법무부의 의중에 따라 징계가 이루어질 가능성은 줄어들었다고 할 수 있겠으나, 판사인 위원 2인이 어느 쪽으로 기우는가 여부에 따라서 는 여전히 변호사에 대한 탄압의 도구로 징계권이 행사될 수 있는 가 능성을 남겨두고 있었다는 점에서 한계를 드러낸 개선이었다.

징계개시 청구권이 대한변협의 장과 검찰총장에게 귀속되어 있던 점은 종전과 마찬가지였으나, 보고할 권한밖에 보유하지 못하였던 지 방변호사회의 지위는 징계를 신청할 권한을 갖는 것으로 다소 강화되 었다(제74조).

(6) 제9차 개정 변호사법(일부개정 1993. 3. 10. 법률 제4544호)

변호사의 징계에 관하여 원칙적으로 제1차적으로 징계를 결정할 수 있는 권한이 대한변협에 부여되었다. 즉 대한변호사협회와 법무부 에 각각 변호사징계위원회를 두었다(제73조 제2항). 대한변협 변호사징 계위원회(이하 '변협징계위원회'라고 한다)와 법무부 변호사징계위원회(이 하 '법무부징계위원회'라고 한다)는 각 위원장 1명과 6명의 위원 및 6명의 예비위원으로 구성하도록 하였다(제74조, 제75조). 변협징계위원회의 위 원장과 위원 및 예비위원은 대한변협 총회에서 선출한다(제74조). 법무 부징계위원회의 위원장은 법무부장관이 맡고, 위원과 예비위원은 법원

행정처장이 추천하는 판사 중에서 각 2명, 검사 중에서 각 2명과 대한
변호사협회의 장이 추천하는 변호사 중에서 각 2명을 법무부장관이 임
명 또는 위촉하도록 하되, 다만 검사위원 2명 중 1명은 법무부차관으
로 할 수 있도록 하였다(제75조). 법무부징계위원회의 구성은 대체로
제9차 개정 전 변호사징계위원회의 구성과 유사하다고 할 수 있다.

　변협징계위원회는 변호사법 위반사건, 소속 지방변호사회 또는 대
한변호사협회의 회칙위반사건, 변호사로서의 품위손상사건을 심의한
다(제76조). 법무부징계위원회는 형사사건으로 입건되어 공소가 제기된
징계사건, 3회 이상 징계처분을 받은 전력이 있는 자에 대한 징계사건,
변협징계위원회가 변협징계위원회의 소관사항이 아니라는 이유로 법
무부징계위원회에 이송한 사건, 변협징계위원회의 징계결정에 대한 이
의신청사건을 심의한다(제77조). 법무부징계위원회는 변협징계위원회
의 징계결정에 대한 이의신청사건을 담당할 뿐만 아니라 사안이 중한
징계사건도 담당하도록 되어 있기 때문에 대한변협으로 제1차 징계권
이 완전히 이전된 것은 아니라고 할 수 있다.

　검찰총장과 대한변협의 장에게 징계개시 청구권이 부여된 것은
종전과 마찬가지이나, 검찰총장은 법무부징계위원회에 대하여, 대한변
호사협회의 장은 변협징계위원회 또는 법무부징계위원회에 대하여 각
각 징계개시의 청구를 하도록 함으로써 징계개시 청구절차도 이원화
되었다. 개정 전과 마찬가지로 소속 지방변호사회의 장은 대한변호사
협회의 장에게 징계개시의 신청권을 가졌다(이상 제78조).

　징계사건의 심의기간에 관하여 변협징계위원회는 6개월(6개월의
한도 내에서 연장 가능), 법무부징계위원회는 3개월(3개월의 한도 내에서
연장 가능)로 하였다(제79조).

　징계심의절차는 개정 전과 마찬가지로 징계개시의 청구가 있으면
위원장은 지체 없이 징계심의기일을 정하여 징계혐의자에게 통지하여

야 하고, 징계혐의자는 기일에 출석하여 구술 또는 서면으로 자기에게 유리한 사실을 진술하거나 필요한 증거를 제출할 수 있도록 하였다(제79조).

징계절차에 대하여 법무부장관은 여전히 대한변협을 감독하는 지위에 있었다. 대한변호사협회의 장은 변협징계위원회에 대하여 징계개시청구를 한 때와 변협징계위원회에서 징계에 관한 결정이 있은 때에는 지체 없이 이를 법무부장관에게 보고하도록 하였다(제80조).

제9차 개정에서는 징계에 대한 불복절차도 정비되었다. 변협징계위원회의 결정에 대하여 불복이 있는 징계혐의자는 그 통지를 받은 날부터 7일 이내에 법무부징계위원회에 이의신청을 할 수 있고, 이의신청을 받은 법무부징계위원회는 이의신청이 이유있다고 인정한 때에는 변협징계위원회의 징계결정을 취소하고 스스로 징계결정을 하여야 하며, 이의신청이 이유없다고 인정한 때에는 이를 기각하여야 한다. 법무부징계위원회의 결정에 대하여 불복이 있는 징계혐의자는 그 통지를 받은 날부터 7일 이내에 대법원에 즉시항고를 할 수 있도록 하였다. 이 즉시항고에는 민사소송법의 규정이 준용되며, 집행정지의 효력을 갖지 않는다(제81조).

법무부장관의 변호사에 대한 업무정지명령 역시 그 발동 요건과 발령절차에 있어서 법무부장관의 권한을 축소하는 개정이 이루어졌다. 즉 업무정지명령의 발동 요건은 변호사가 형사사건으로 공소가 제기되어 그 재판의 결과 등록취소에 이르게 될 가능성이 매우 크고 그대로 두면 장차 의뢰인 또는 공공의 이익을 해할 구체적인 위험성이 있는 경우이어야 하고, 발령 절차는 법무부징계위원회에서 해당 변호사의 업무정지에 관한 결정을 하여야 비로소 법무부장관이 업무정지명령을 발할 수 있는 것으로 하였다. 공소가 제기된 경우 중에 약식명령이 청구된 경우와 과실범으로 공소제기된 경우에는 업무정지명령을 발할 수 없도록 하였다(이상 제83조).

(7) 제10차 개정 변호사법(일부개정 1995. 12. 29. 법률 제5055호)

제10차 개정에서는 변호사에 대한 징계사유 중 무죄추정의 원칙에 반한다는 비판을 받던 제71조 제2호의 사유, 즉 '형사사건으로 입건되어 공소가 제기된 때'를 삭제하였다. 당연한 개정이라고 할 것이다.

변호사의 자격등록에 관하여 반드시 등록심사위원회의 의결을 거치도록 함으로써 대한변협의 권한을 약화시킨 것과 마찬가지로, 변협징계위원회의 구성에 있어서도 법원행정처장이 추천하는 판사 1명, 법무부장관이 추천하는 검사 1명, 대한변호사협회 총회에서 선출하는 변호사 5명, 대한변호사협회의 장이 추천하는 법과대학 교수 및 경험·덕망이 있는 자 각 1명의 위원으로 구성하고, 위원장 1인과 간사 1인을 두되 이들은 위원 중에서 호선하도록 하였다(제74조). 비록 대한변협 총회에서 5명의 변호사를 선출하고 법과대학 교수 1명도 대한변협의 장이 추천권을 보유하였지만, 변호사의 징계에 외부위원이 관여하도록 하여 그 운영에 있어서 독립성을 도모하고자 하였다고 할 수 있다.

다만 변협징계위원회와 법무부징계위원회의 심의대상은 명확하게 분리하여 법무부징계심의위원회는 변협징계위원회의 징계결정에 대한 이의신청사건만을 심의할 수 있도록 함으로써(제77조), 변협징계위원회를 거친 불복사건만을 법무부징계위원회가 담당하는 구조로 징계심의절차가 정착되었다.

아울러 검찰총장에게 부여되어 있던 징계개시 신청권은 삭제되었다(제78조). 이로써 변호사에 대한 징계개시 신청권한은 소속 지방변호사회에만 귀속되었고, 징계개시 청구권은 대한변협의 장에게만 전속되었다.

변협징계위원회의 결정에 대한 불복이나 법무부징계위원회의 결정에 대한 불복은 징계혐의자에게만 허용되었다. 지방변호사회에는 징계개시 신청권이 부여되어 있었음에도 지방변호사회에서 징계개시를 신청한 사건에 대하여 변협징계위원회가 내린 결정에 불복할 수 있는 권한을 인정하지 않은 것은 의문이다. 지방변호사회에서는 징계절차를 개시함이 상당하다고 판단한 사안에 대하여 대한변협의 장이 징계개시 청구를 하지 아니하거나, 변협징계위원회가 징계개시 신청을 받아들이지 않은 경우에는 이에 대한 불복을 허용하도록 하는 것이 옳았을 것이다.

(8) 제14차 개정 변호사법(전부개정 2000. 1. 28. 법률 제6207호)

변협징계위원회의 구성에 변경을 기하여 법원행정처장이 추천하는 판사 2명, 법무부장관이 추천하는 검사 2명, 대한변호사협회 총회에서 선출하는 변호사 3명, 대한변호사협회의 장이 추천하는 변호사가 아닌 법과대학 교수 및 경험·덕망이 있는 자 각 1명의 위원으로 구성하는 것으로 되었다(제93조 제1항). 이로써 대한변협에서 임명하거나 위촉하는 위원의 수가 과반수가 되지 못하게 되었다.

법무부징계위원회는 여전히 법무부장관이 위원장을 맡는 것으로 하면서, 위원과 예비위원은 법원행정처장이 추천하는 판사 중에서 각 2명, 검사 중에서 각 2명과 대한변호사협회의 장이 추천하는 변호사 중에서 각 1명, 변호사가 아닌 자로서 법과대학 교수 또는 경험과 덕망이 있는 자 각 3명을 법무부장관이 임명 또는 위촉하는 것으로 구성을 변경하였다. 이로써 법무부징계위원회에서 변호사 위원의 비중은 9분의 1로 축소되었다.

변협징계위원회와 법무부징계위원회의 구성에 있어서 변화의 특징은 변호사 위원이 수적으로 열세에 놓이도록 개정되었다는 점이다.

아울러 제10차 개정에서 삭제되었던 검찰총장의 변호사에 대한 징계개시 신청권이 지방검찰청 검사장의 징계개시 신청권으로 부활하였다. 즉, 지방검찰청 검사장은 범죄의 수사 등 검찰업무수행 중 변호사에게 제91조의 규정에 의한 징계사유가 있는 것을 발견한 경우에는 대한변호사협회의 장에게 해당 변호사에 대한 징계개시의 신청을 하도록 규정한 것이다(제97조 제2항). 아울러 제97조 제2항의 규정에 의하여 징계개시 신청을 한 지방검찰청 검사장은 징계사건에 관하여 그 의견을 제시할 수 있게 되었다(제98조 제6항).

지방검찰청 검사장에게 징계개시 신청권이 부여됨에 따라 지방검찰청 검사장이 제97조 제2항에 따라 대한변협의 장에게 징계개시를 신청한 사건에 있어서 변협징계위원회의 결정에 불복하는 지방검찰청 검사장은 법무부징계위원회에 이의를 신청할 권한도 갖게 되었다(제100조 제1항). 다만 법무부징계위원회의 결정에 대하여 불복할 권한은 지방검찰청 검사장에게도 인정되지 아니하였다(제100조 제4항). 한편 지방검찰청 검사장과 동등하게 징계개시 신청권을 보유하고 있던 지방변호사회에 대해서는 종전과 마찬가지로 변협징계위원회의 결정에 대하여 불복할 권한을 인정하지 않음으로써 지방검찰청 검사장과 지방변호사회 사이에 차등을 둔 점은 매우 불합리하였다.[6]

법무부징계위원회의 결정에 따라 업무정지명령을 발할 수 있도록 하는 절차는 종전과 동일하나, 업무정지명령의 발동요건은 종전보다 완화되었다. 변호사가 공소제기되거나 제97조의 규정에 의하여 징계절차가 개시되어 그 재판이나 징계결정의 결과, 등록취소·영구제명 또는 제명에 이르게 될 가능성이 매우 크고 그대로 두면 장차 의뢰인 또

---

6 지방변호사회가 징계개시 신청을 기각한 경우에는 변협징계위원회가 징계개시를 결정하더라도 징계청구를 당한 변호사 스스로 징계절차에서 자신을 방어할 수 있으므로 지방변호사회에 불복권한을 인정할 필요성이 없다. 그러나 반대로 지방변호사회가 징계개시를 신청한 사안에 대하여 변협징계위원회가 징계개시 신청을 기각하는 결정을 한 경우 그 결정이 부당하다면 이에 대하여 불복하여 잘못된 결정을 바로잡을 필요가 있다. 지방변호사회에 불복권한이 인정되지 않는다면 이러한 경우에 부당한 결정을 바로잡을 방법이 전혀 없게 된다.

는 공공의 이익을 해할 구체적인 위험성이 있는 경우에 업무정지명령을 발할 수 있도록 하였다. 종전에는 공소가 제기되었을 것을 요구하였던 것과 비교하여 징계개시가 신청된 경우에도 업무정지명령이 가능하도록 확대한 것이다.

(9) 제16차 개정 변호사법(일부개정 2005. 1. 27. 법률 제7357호)

제16차 개정에서 변호사의 징계와 관련하여 가장 중요한 개정은 법무부징계위원회의 징계결정에 대한 불복절차의 개정이다. 종래 법무부징계위원회의 결정에 대해서는 대법원에 즉시항고를 하도록 규정하고 있었는데(제100조), 이것은 법원이 아닌 변협징계위원회나 법무부징계위원회의 결정을 법원의 재판과 동일하게 취급하는 것이라는 문제가 제기되어 왔다. 헌법재판소는 2002. 2. 28. 2001헌가18 전원재판부 결정으로 "위 변호사법 제100조 제4항 내지 제6항[7]은 행정심판에 불과한 법무부변호사징계위원회의 결정에 대하여 법원의 사실적 측면과 법률적 측면에 대한 심사를 배제하고 대법원으로 하여금 변호사징계사건의 최종심 및 법률심으로서 단지 법률적 측면의 심사만을 할 수 있도록 하고 재판의 전심절차로서만 기능해야 할 법무부변호사징계위원회를 사실확정에 관한 한 사실상 최종심으로 기능하게 하고 있으므로, 일체의 법률적 쟁송에 대한 재판기능을 대법원을 최고법원으로 하는 법원에 속하도록 규정하고 있는 헌법 제101조 제1항 및 재판의 전심절차로서 행정심판을 두도록 하는 헌법 제107조 제3항에 위반된다."는 이유로 위헌이라는 판단을 내렸다. 이에 따라 법무부징계위원회의 결정에 대하여 불복이 있는 징계혐의자는 행정소송법이 정하는 바에 의하여 그 통지를 받은 날부터 90일 이내에 행정법원에 소를 제기하는 것으로 불복절차를 개정하게 된 것이다(제100조 제4항). 제소기간 외에 제척기간[8]

---

7 2005. 1. 27. 법률 제7357호로 일부 개정되기 전의 것을 가리킨다.
8 징계결정이 있은 날부터 1년을 경과하면 소를 제기할 수 없도록 하되, 정당한

을 규정하고 제소기간은 불변기간으로 규정하였다(제100조 제5항, 제6항).

(10) 제19차 개정 변호사법(일부개정 2007. 1. 26. 법률 제8271호)

제19차 개정에서는 종래의 법조윤리협의기구에 관한 규정이 법조윤리협의회에 관한 규정으로 개편되면서 법조윤리협의회가 공직퇴임변호사나 특정변호사에게 징계사유나 범죄혐의가 있는 것을 발견한 경우에는 대한변협의 장에게 징계개시를 신청하거나, 지방검찰청 검사장에게 수사를 의뢰할 수 있는 권한을 보유하게 되었다(제89조의4 제4항, 제89조의5 제3항).

또 대한변협 산하에 변호사의 징계혐의사실에 대한 조사를 위하여 조사위원회를 설치할 수 있도록 근거규정이 마련되었다(제92조의2). 이 조사위원회는 비록 변호사법에 근거규정을 두고 설치되는 위원회이기는 하지만, 등록심사위원회나 변협징계위원회와 달리 대한변협의 회칙 등 회규(會規)에 따라 설치되는 다른 상설위원회와 동일한 지위에 있는 위원회이다. 따라서 그 조직과 활동에 관한 사항은 전적으로 대한변협이 주관하게 된다.

징계개시의 청원에 관한 규정도 신설되었다. 의뢰인 또는 의뢰인의 법정대리인·배우자·직계친족 또는 형제자매는 수임변호사 또는 법무법인 등의 담당변호사에게 제91조의 규정에 따른 징계사유가 있는 경우에는 소속 지방변호사회의 장에게 해당 변호사에 대한 징계개시의 신청을 청원할 수 있도록 하였다. 이러한 청원을 받은 지방변호사회의 장은 지체 없이 징계개시의 신청 여부를 결정하고 그 결과와 이유의 요지를 청원인에게 통지하도록 하였다. 만일 지방변호사회의 장이 징계개시의 청원을 기각하거나 청원을 접수하고서 3개월이 경과하도록 징계개시의 신청 여부를 결정하지 아니하는 경우에 청원인은 대한변협의 장에게 재청원할 수 있도록 하였다(이상 제97조의3). 재청원을 받은

사유가 있는 경우에는 예외를 두는 것으로 제100조 제5항을 개정하였다.

대한변협의 장도 지체 없이 징계개시 청구 여부를 결정하여야 하고, 그 결과와 이유의 요지를 재청원인에게 통지하도록 하였다(제97조의4).

징계개시 신청인에게는 대한변협의 장의 결정 및 변협징계위원회 의 결정에 대하여 불복할 수 있는 권한이 인정되었지만(제97조의5 제1 항, 제100조 제1항), 청원인이나 재청원인에게는 그러한 권한이 인정되 지 않았다.

변협징계위원회의 결정에 대한 불복은 징계혐의자와 징계개시를 신청한 지방검찰청 검사장에게만 인정되었던 것을 개정하여 징계개시 신청인 모두에게 불복할 권한을 인정하였다(제100조 제1항). 이에 따라 징계혐의자는 물론 지방검찰청 검사장, 지방변호사회, 법조윤리협의회 위원장 모두 변협징계위원회의 결정에 대하여 법무부징계위원회에 이 의를 신청할 수 있게 된 것이다. 그러나 법무부징계위원회의 결정에 대하여 불복할 수 있는 권한은 종전과 마찬가지로 징계혐의자에게만 인정되었다(제100조 제4항).

변협징계위원회의 운영 등에 관하여 필요한 사항은 종전과 마찬 가지로 대한변협이 정하도록 되어 있었으나(제101조 제1항), 법무부징계 위원회의 운영이나 그밖에 징계에 관하여 필요한 사항은 대통령령으 로 정하도록 하였다(제101조 제2항).

종전까지는 징계처분의 집행주체에 관하여 명문의 규정이 없었는 데 제19차 개정에서 징계처분의 집행주체가 대한변협의 장임을 명확 하게 하였다(제98조의5 제1항). 다만 과태료의 집행은 검사가 담당하였 다(제98조의5 2항).

다. 지방변호사회의 입회·설립·기구조직·활동

(1) 지방변호사회 입회와 소속 지방변호사회 변경 및 퇴회

㈎ 제정 변호사법

제정 변호사법 이래 우리의 변호사법에서는 변호사의 등록에 관하여는 여러 가지 규정을 두어 규율하고 있었던 반면, 변호사가 소속 지방변호사회에 입회하고자 하는 경우에 어떤 절차를 거쳐야 하는지에 관해서는 아무런 규정도 두고 있지 않았다. 단지 변호사회를 조직할 수 없는 지역의 변호사에 대하여 인접하는 지역의 변호사회 중 법무부장관이 지정하는 변호사회의 회원이 된다는 규정(제26조)과, "제27조에 규정하는 경우를 제외하고 변호사명부에 등록 또는 등록변경이 된 자는 당연히 그 입회코저 하는 변호사회의 회원이 되고 등록변경의 경우에는 종전 소속변호사회를 퇴회한 것으로 한다."라는 규정(제30조)을 두고 있을 뿐이었다. 제27조는 변호사회의 설립에 관한 규정으로서, "변호사회를 설치하고저 할 때에는 회원이 된 변호사는 규약을 정하고 법무부장관의 인가를 얻어야 한다."는 규정이다. 법무부장관의 인가를 얻어 새로 변호사회를 설립하게 된 경우에는 그 변호사회를 설립하기 위하여 규약을 제정하는 데 참여한 변호사들은 새로 설립한 변호사회의 회원이 된다(제27조 제2항).

　위 제27조의 규정은 변호사회를 새로 설립하기로 뜻을 같이한 경우에 적용되는 규정으로서 이미 설립된 변호사회에 가입하는 절차에 관한 규정이 아니다. 그리고 제26조의 규정은 변호사회가 설립되지 못한 경우에 예외적으로 적용되는 규정이다. 결국 제정 변호사법에서는 실질적으로 변호사회 입회에 관해서는 변호사의 등록을 마침으로써 입회를 의제한다는 제30조의 규정 외에는 아무런 규정도 두고 있지 아니한 셈이다.

　물론 제정 변호사법에는 변호사의 등록을 심사하는 규정도 존재하지 아니하였으므로, 입회의 절차에 관하여 규정하고 있지 아니한 것이 체제상 문제될 것은 없었다. 그러나 이 입회의제 규정은 그 문언의 형식만 조금 변경되었을 뿐, 이후로도 계속 이어져 내려오고 있고,[9] 지

| 9　현행 변호사법 제68조.

방변호사회와 대한변협 사이에 갈등을 불러일으키는 원인이 되기도
한다. 이 문제는 단지 두 단체 사이의 갈등문제일 뿐만 아니라 보다
근본적으로는 우리 변호사법의 입회와 등록에 관한 규율체계와 관련
된 문제이기도 하다. 그 문제에 관해서는 뒤에서 다시 살펴보게 될 것
이다.

소속변경이나 일시 휴업의 경우에도 입회와 마찬가지로 입회하려
는 변호사회를 거쳐 법무부장관에게 등록변경청구 또는 휴업신고나
등록취소청구를 하여야 하였다(제8조 제2항, 제9조 제2항, 제3항). 변경 이
전에 소속하였던 변호사회는 소속변경 과정에서 아무런 관여도 할 수
없었다. 소속변경등록으로 종전 소속 변호사회는 자동으로 퇴회된 것
으로 간주되었기 때문이다(제30조). 변호사가 국적을 상실하거나, 제5
조에 정한 결격사유[10]가 있는 경우, 혹은 제명되거나 사망한 경우, 퇴
회를 위하여 변호사가 직접 등록취소를 청구한 경우에 법무부장관에
의하여 변호사의 등록이 취소되게 되는데, 법무부장관에 의하여 등록
이 취소되는 경우에도 자동 퇴회의 효과가 발생하는 것으로 규정하였
다(제31조).

(나) 제6차 개정 변호사법(전부개정 1982. 12. 31. 법률 제3594호)

변호사의 등록절차에서 소속하고자 하는 지방변호사회는 그 변호
사의 자격 유무에 관하여 의견서를 제출할 수 있는 권한이 신설되었다
(제7조 제3항). 그러나 여기서 말하는 의견서는 등록의 자격 여부에 관
한 의견서일 뿐, 해당 변호사가 그 지방변호사회에 입회할 자격의 유
무에 관한 의견서를 의미하는 것은 아니었다.

소속변경절차에 관한 제9조를 보면 이 점이 분명해진다. 변호사가

---

10 제5조의 결격사유는 '1. 금치산자 또는 준금치산자, 2. 금고이상의 형을 받은
  자, 3. 징계처분에 의하여 면직된 자 또는 본법에 의하여 제명된 자로서 면직
  또는 제명 후 2년을 경과하지 아니한 자'이다.

자신이 소속하는 지방변호사회를 변경하는 경우에는 새로 입회하려는 지방변호사회를 거쳐 대한변협에 신고를 마침으로써 소속변경이 이루어지도록 한 것이다. 이 과정에서 변경 입회 전에 소속하였던 지방변호사회나 새로 입회를 하려는 지방변호사회 모두 그 소속변경에 관하여 어떠한 관여를 할 수 있도록 규정되어 있지 않았다. 규정이 없으므로 관여를 할 수 없었다고 보아야 한다. 소속변경의 실무에서도 그와 같이 처리되었다. 소속변경에 관해서는 대한변협조차도 아무런 판단권한이 없었다.

결국 이 개정에도 불구하고 지방변호사회의 입회심사권은 변호사법상 명문의 규정으로는 보장되지 못한 것이다. 이후 여러 차례의 개정에도 불구하고 이 부분에 관하여는 제6차 개정 당시의 입장이 현재까지 그대로 이어져오고 있는 것이다.

(2) 지방변호사회의 설립

㈎ 제정 변호사법

제정 변호사법에서는 '지방' 변호사회가 아니라 '변호사회'로 되어 있었다.[11] 변호사회는 법인으로 하며 지방법원의 관할구역마다 설치하되, 해당 구역 내에 변호사가 5명 미만인 경우에는 변호사회를 조직할 수 없도록 하였다(제25조, 제26조).

변호사회의 설립절차는 지방변호사회를 설립[12]하고자 하는 변호

---

11 그러나 우리나라 최초의 근대적 변호사법이라고 할 수 있는 광무(光武) 변호사법에서는 전국 중 서울에만 변호사회를 두고 각 지방에 지회를 두는 체제를 취하였다. 그 후 융희(隆熙) 변호사법과 일제 치하의 조선변호사령 하에서는 각 지방법원 단위로 지방변호사회를 설립하도록 규정하고 있었으나, 해방 이후 미 군정 하에서 전국적으로 조선변호사회 하나의 변호사회만 설치하도록 하였다가 다시 1948. 7. 1. 미 군정법령 제207호로 각 지방법원 관할구역에 변호사회를, 전국적으로 조선변호사연합회를 두는 것으로 변경되었다. 대한변협 50년사(94~97면)에서 발췌. 변호사법 시행 당시 조직되어 있던 변호사회는 서울, 대전, 전주, 광주, 부산, 대구 등이다.
12 당시의 법문은 설립이 아니라 '설치'로 되어 있었으나, 변호사회를 구성하는

사들이 규약을 정하고 법무부장관의 인가를 받는 절차를 거쳐야 하였다. 변호사회 조직이 법률상 필수적 사항[13]이었음에도 불구하고 변호사회를 설치하기 위해서는 회원이 될 변호사들이 규약을 정하여 법무부장관의 인가를 얻어야 하였다(제27조 제1항). 변호사회의 규약·명칭·사무소 소재지의 변경 역시 법무부장관의 인가사항이었다(제27조 제2항, 제28조 제2항). 변호사회의 설립을 인가하면 법무부장관이 변호사회의 명칭, 사무소의 소재지와 설립의 연월일을 고시하도록 하였다(제28조 제1항).

(나) 제4차 개정 변호사법(일부개정 1973. 1. 25. 법률 제2452호)

변호사회의 '규약'을 '회칙'으로 개정한 외에는 종전의 내용과 동일하다.

(다) 제6차 개정 변호사법(전부개정 1982. 12. 31. 법률 제3594호)

하나의 지방법원 관할 구역 내에 2개 이상의 변호사회를 설립할 수 있도록 허용한 것이 가장 큰 특징이다. 다만 각 지방변호사회의 회원수는 50인 이상이어야 한다는 제한이 부가되었다(제26조 제2항).

(라) 제15차 개정 변호사법(일부개정 2004. 1. 20. 법률 제7082호)

법원조직법의 개정에 따라 서울지방법원의 동부·남부·북부·서부 및 의정부지원이 각각 지방법원으로 승격하게 됨에 따라, 이들 지역에 변호사회가 설립될 필요가 발생하였다.[14] 그러나 거리상 멀리 떨어져 있는 의정부지방법원 관할지역을 제외한 서울지역의 경우에는 거리나 교통편의를 고려하여 변호사회를 별도로 설립하지 않고 1개의 변호사

주체가 변호사들이라는 점에서 '설립'이 올바른 표현이었다. 이 부분이 바로 잡힌 것은 제6차 개정 변호사법(전부개정 1982. 12. 31. 법률 제3594호)에 의해서이다.

13 제정 변호사법 제26조 제1항은 '변호사회는 지방법원의 관할구역마다 설치하여야 한다.'라고 규정하고 있었으므로 그 문언상 변호사회의 설치는 필수적이었다고 보아야 한다.

14 지방변호사회는 지방법원 관할구역마다 1개를 두도록 되어 있기 때문이다.

회를 두도록 단서를 신설하였다(제64조).

(3) 지방변호사회의 기구조직

㈎ 제정 변호사법

변호사회에는 회장, 부회장, 총무, 회계 각 1인의 조직을 두도록 되어 있었다(제29조 제1항). 이들 임원은 변호사회의 총회에서 선임하고 임기는 1년으로 하였다(제29조 제2항).

㈏ 제4차 개정 변호사법(일부개정 1973. 1. 25. 법률 제2452호)

변호사회의 임원 중 '회계'를 '재무'로 수정하였다(제29조 제1항).

㈐ 제5차 개정 변호사법(일부개정 1973. 12. 20. 법률 제2654호)

지방변호사회의 임원의 종류와 수에 관하여 회장 1인, 부회장 1인(회원 수가 200인 이상인 경우에는 2인), 상임이사 5인 이내(회원 수가 200인 이상인 경우에는 10인 이내), 이사 20인 이내, 감사 1인으로 규정함으로써 회의 규모에 따라 탄력적으로 임원의 수를 결정할 수 있도록 하였다(제54조). 지방변호사회의 자치성 측면에서는 진일보한 개정이라고 할 수 있다.

지방변호사회의 총회 구성 역시 회원 수가 200인 이상인 경우에는 회칙이 정하는 바에 따라 대의원으로 총회를 구성할 수 있도록 탄력적인 규정을 도입하였다(제55조).

지방변호사회의 기구로 이사회 제도가 신설되었다. 이사회는 20인 이내의 이사들로 구성되며(제54조), 회의 중요사항에 대한 의결권을 보유하였다(제56조).

㈑ 제9차 개정 변호사법(일부개정 1993. 3. 10. 법률 제4544호)

지방변호사회의 임원 중 감사의 수가 2인으로 늘어났다(제54조).

㈒ 제23차 개정 변호사법(일부개정 2011. 4. 5. 법률 제10540호)

지방변호사회의 임원의 종류는 종전과 마찬가지로 회장, 부회장, 상임이사, 이사, 감사로 규정하였으나, 그 수에 관한 부분을 삭제하여

지방변호사회 총회에서 탄력적으로 임원을 선출할 수 있도록 하였다
(제69조).

㈐ 제29차 개정 변호사법(일부개정 2014. 12. 30. 법률 제12887호)

지방변호사회 임원의 구성·수·선임·임기 및 직무에 관한 사항을
법률이 아니라 지방변호사회의 회칙에 위임하여 자율적으로 결정할
수 있도록 하였다(제69조 제2항). 제23차 개정에서 대한변협의 임원의
구성·수·선임·임기 및 직무에 관한 사항을 회칙에 위임하도록 한 것
과 같은 맥락이다.

(4) 지방변호사회의 활동

㈎ 제정 변호사법

변호사회는 법무부장관의 감독을 받도록 되어 있었다(제36조). 또
변호사회의 규약을 변경하는 경우에는 법무부장관의 인가를 얻어야
비로소 변경의 효력이 발생하였다(제27조 제3항). 제정 변호사법에는 변
호사회의 규약에 어떠한 사항이 반드시 포함되어야 하는지 여부에 관
하여는 규정하고 있지 아니하였다. 그러나 변호사회의 명칭이나 사무
소 소재지 등은 규약에 포함되는 사항이었던 것으로 보인다. 변호사회
의 명칭이나 사무소 소재지가 변경된 경우에도 법무부장관이 이를 인
가하고 고시하도록 규정하고 있었기 때문이다(제28조 제2항).

법무부장관은 변호사회의 총회 또는 임원선거의 장소에 직접 또
는 소속관리로 하여금 임석하게 할 수 있었다(제37조).

변호사회는 총회의 결의, 임원의 취임과 퇴임이 있는 경우 지체
없이 그 사실을 법무부장관에게 신고하여야 하였다(제38조). 법무부장
관은 변호사회의 회의 또는 결의가 법령 또는 규약에 위반하거나 공익
을 해한다고 인정하는 경우에는 그 결의를 취소하거나 또는 의사를 정
지시킬 수 있는 강력한 권한을 보유하였다(제41조).

㈏ 제2차 개정 변호사법(일부개정 1962. 9. 24. 법률 제1154호)

법무부장관의 임석권에 관한 규정에서 '소속관리'를 '소속 공무원'으로 자구수정한 외에는 종전의 내용과 달라진 것이 없다.

㈐ 제6차 개정 변호사법(전부개정 1982. 12. 31. 법률 제3594호)

제정 변호사법부터 제5차 개정까지 계속 유지되어 왔던 법무부장관의 변호사회 총회 및 임원선거회의 임석권이 제6차 개정에서 비로소 삭제되었다.

㈑ 제19차 개정 변호사법(일부개정 2007. 1. 26. 법률 제8271호)

법무부장관이 지방변호사회의 결의를 취소할 수 있는 요건과 절차가 종전보다 다소 엄격해졌다. 즉 법무부장관은 지방변호사회 총회의 결의가 법령 또는 회칙에 위반된다고 인정할 경우에 대한변호사협회의 장의 의견을 들어 이를 취소할 수 있도록 한 것이다(제77조 제3항). 달라진 부분은 '공익을 해한다고 인정할 경우'라는 요건이 삭제되었고, 취소의 사전절차로 대한변협의 장에게 의견을 구하도록 한 것이다.

라. 대한변협의 설립·기구조직·활동

(1) 입회 문제

대한변협의 입회에 관한 문제는 등록에 관한 문제와 동일하므로 이에 관하여는 따로 살펴볼 필요가 없다.

(2) 대한변협의 설립

㈎ 제정 변호사법

제정 변호사법은 대한변협의 설립에 관하여 각 지방변호사회가 연합하여 규약을 정하여 대한변협을 조직하도록 규정하였다(제42조 제1항). 대한변협은 법인으로 하되 사무소는 서울시에 두도록 되어 있었다(제42조 제2항).

제정 변호사법 시행 당시에는 아직 대한변협이 존재하지 아니하였다. 1949년 변호사법이 제정되었으나 대한변협을 구성하기 위한 준비작업은 6·25 동란으로 중단되었다가 1952. 7. 28.에야 창립총회를 개최하고 법무부장관의 인가를 받아 1952. 8. 29. 비로소 창립하기에 이르렀다. 제정 변호사법 제42조는 이러한 대한변협의 태동 과정을 반영한 것이다.

변호사회와 마찬가지로 대한변협의 설립에도 법무부장관의 인가가 필요하였다(위 제42조).

(나) 제6차 개정 변호사법(전부개정 1982. 12. 31. 법률 제3594호)

대한변협의 설립에 관하여 제62조의 제1문은 종전의 규정과 마찬가지로 지방변호사회는 연합하여 회칙을 정하고 법무부장관의 인가를 받아 대한변호사협회를 설립하는 것으로 규정하였다. 그런데 제2문을 추가하면서 회칙을 변경하는 경우에도 지방변호사회가 연합하여 회칙을 변경하고 법무부장관의 인가를 받는다는 내용이 새로 규정되었다.

제2문의 신설은 대한변협의 성격 및 대한변협과 지방변호사회와의 관계에 있어서 중요한 의미를 갖는다. 제1문은 위에서 살펴본 것처럼 대한변협이 아직 설립되기 이전의 상황에서 변호사회가 어떤 방법과 절차를 거쳐 대한변협을 설립하는가에 관한 사항을 규정한 것이라고 볼 수 있다. 그러므로 제1문은 제정 변호사법에 따라 설립된 대한변협이 폐지되었다가 다시 설립되지 않는 이상 규범으로서의 존재의의는 사라진 규정이라고 할 수 있었다. 그런데 제6차 개정으로 제2문이 신설되면서 장래를 향해서도 지방변호사회가 연합하여 회칙을 결정한다는 내용이 규범력을 갖게 된 것이다. 제2문의 신설로 인하여 대한변협의 독자성은 약화되었고 지방변호사회의 연합체로서의 성격이 강화되는 의미를 갖게 된 것이다.[15]

제62조는 그 이후 여러 차례의 개정에 따라 조문의 위치는 바뀌었

---

15 이 부분의 개정경위에 관하여 언급하고 있는 문헌이 없어서 제2문의 추가 이유가 무엇인지 확인할 수는 없었다.

지만 그 내용은 자구 하나도 바뀌지 않고 현재에 이르고 있다.

(3) 대한변협의 기구조직

⑺ 제정 변호사법

대한변협의 기구조직으로는 회장, 부회장, 총무, 회계 각 1인을 두도록 되어 있었는데(제45조), 지방변호사회의 기구조직과 동일한 내용이다.

⑻ 제4차 개정 변호사법(일부개정 1973. 1. 25. 법률 제2452호)

변호사회의 임원 중 '회계'를 '재무'로 수정하였다(제45조 제1항).

⑼ 제5차 개정 변호사법(일부개정 1973. 12. 20. 법률 제2654호)

변호사회의 임원은 종전과 동일하였으나, 대한변협의 임원은 회장 1인, 부회장 3인, 총무와 재무 각 1인으로 변경하여 부회장의 수가 2인 늘어나게 되었다(제45조 제1항). 대한변협과 지방변호사회의 임원 구성이 달라지게 된 최초의 개정이다.

⑽ 제6차 개정 변호사법(전부개정 1982. 12. 31. 법률 제3594호)

지방변호사회와 마찬가지로 대한변협의 임원의 종류와 수 역시 협회장 1인, 부협회장 3인, 10인 이내의 상임이사, 30인 이내의 이사, 감사 2인으로 규정하였다(제64조). 대한변협의 대표를 협회장으로 칭하게 된 것이 제6차 개정부터이다.

⑾ 제9차 개정 변호사법(일부개정 1993. 3. 10. 법률 제4544호)

대한변협의 임원 중 부협회장의 수를 5인으로 정하고, 감사의 수는 3인 이내로 탄력적으로 규정하였다(제64조).

⑿ 제23차 개정 변호사법(일부개정 2011. 4. 5. 법률 제10540호)

대한변협의 임원의 종류는 종전과 마찬가지로 협회장, 부협회장, 상임이사, 이사, 감사로 규정하였으나, 그 수에 관한 부분을 삭제하여 대한변협 총회에서 탄력적으로 임원을 선출할 수 있도록 하였다(제81조). 특히 임원의 선임에 관한 사항을 법률에 규정하지 않고 대한변협

회칙으로 정할 수 있도록 위임함으로써(제81조 제2항) 대한변협 협회장의 직선제에 관한 근거규정이 마련된 것이 제23차 개정의 중요한 내용이다. 총회의 구성에 관한 사항도 대한변협 회칙에 위임함으로써 대의원총회 방식이 아닌 전회원총회 방식이나 그밖에 다른 방식을 자율적으로 결정할 수 있도록 허용하였다(제82조 제2항).

(4) 대한변협의 활동

(가) 제정 변호사법

제정 변호사법에서 대한변협은 법무부장관의 감독을 받는다는 명문의 규정은 두고 있지 아니하였다. 대한변협의 규약을 변경하는 경우에 법무부장관의 승인을 얻어야 하는지 여부에 관하여도 아무런 규정을 두고 있지 아니하였다. 이에 따라 외견상으로는 대한변협의 규약변경 권한은 대한변협에 전속되는 것처럼 보이나 실상은 그렇지 않았다. 변호사회와 마찬가지로 대한변협의 경우에도 법무부장관은 대한변협의 회의 또는 결의가 법령 또는 규약에 위반하거나 공익을 해한다고 인정하는 경우에는 그 결의를 취소하거나 또는 의사를 정지시킬 수 있는 권한을 보유하였다(제47조, 제40조). 대한변협이 규약을 변경하려면 총회의 결의를 거쳐야 하는데, 그 규약 변경 결의에 관하여 법무부장관이 취소권을 보유하고 있는 이상, 법무부장관의 의사에 반하는 규약변경은 원천적으로 불가능한 것이었다.

(나) 제19차 개정 변호사법(일부개정 2007. 1. 26. 법률 제8271호)

법무부장관이 대한변협의 결의를 취소할 수 있는 요건이 종전보다 다소 엄격해졌다. 즉 법무부장관은 대한변협 총회의 결의가 법령 또는 회칙에 위반된다고 인정할 경우에 대한변호사협회의 장의 의견을 들어 이를 취소할 수 있도록 한 것이다(제86조 제3항). '공익을 해한다고 인정할 경우'라는 요건이 삭제된 것이다.

마. 법무법인 등의 설립 및 조직과 활동

(1) 법무법인 등의 설립·인가취소·해산 및 합병

⑺ 제6차 개정 변호사법(전부개정 1982. 12. 31. 법률 제3594호)

우리 변호사법에 법무법인 제도가 최초로 도입된 것이 제6차 개정 부터이다. 법무법인을 설립하고자 하는 변호사들은 구성원이 될 변호사가 정관을 작성한 후, 주사무소 소재지의 지방변호사회 및 대한변호사협회를 거쳐 법무부장관의 인가를 받아 설립하는 것으로 하였다. 정관을 변경할 경우에도 마찬가지 과정을 거치도록 하였다(이상 제31조).

법무법인에 대한 인가 취소 권한도 당연히 법무부장관이 행사하였다. 법무법인에 구성원이 미달하였음에도 이를 3개월 이내에 보충하지 못하는 경우나 그 업무집행에 관하여 법령에 위반한 경우가 법무부장관의 인가 취소 사유로 규정되어 있었다(제43조).

법무법인이 해산하는 경우에도 해산한 법무법인의 청산인은 주사무소 소재지의 지방변호사회 및 대한변호사협회를 거쳐 법무부장관에게 신고하여야 하였다(제44조).

법무법인을 합병하는 경우에도 합병하는 법무법인의 구성원이 될 변호사가 정관을 작성한 후, 주사무소 소재지의 지방변호사회 및 대한변호사협회를 거쳐 법무부장관의 인가를 받아 설립하는 것으로 하였다(제45조 제2항, 제31조).

⑷ 제9차 개정 변호사법(일부개정 1993. 3. 10. 법률 제4544호)

법무부장관이 법무법인의 인가를 취소하고자 하는 경우에는 반드시 청문절차를 거치도록 하였다(제43조 제2항). 인가 취소의 대상이 되는 법무법인에 대하여 방어의 기회를 보장하기 위한 것이다. 법무부장관이 청문절차를 진행하려면 인가를 취소하고자 하는 사유와 청문기일 및 장소를 청문기일 7일 전에 당해 법무법인에 통지하여야 하였다(제43조 제3항).

(다) 제12차 개정 변호사법(일부개정 1997. 12. 13. 법률 제5453호)

법무법인의 인가를 취소하고자 하는 경우에 청문절차를 거치도록 한 제43조 제2항과 제3항을 삭제하고 대신 제43조의2로 법무법인의 설립인가를 취소하고자 하는 경우에는 청문절차를 거쳐야 한다는 규정이 신설되었다. 조문의 체계만 바뀌었을 뿐, 그 실질적인 내용은 동일하다.

(라) 제16차 개정 변호사법(일부개정 2005. 1. 27. 법률 제7357호)

법무법인(유한)과 법무조합 제도가 비로소 도입되었다(제5장의2, 제5장의3). 그 설립이나 설립·인가취소·해산 및 합병에 관한 규정은 법무법인의 경우와 대동소이하여, 법무부장관의 인가, 신고, 보고 등의 의무를 규정하였다. 대신 공증인가합동법률사무소에 관한 규정은 모두 삭제되었다(제6장).

(2) 법무법인 등의 조직

(가) 제6차 개정 변호사법(전부개정 1982. 12. 31. 법률 제3594호)

법무법인은 구성원 변호사와 소속 변호사로 조직되는데, 이들 구성원 변호사는 주사무소 소재지의 지방변호사회 및 대한변호사협회를 거쳐 법무부장관의 인가를 받아야 법무법인에 가입할 수 있었다(제36조 제1항). 구성원의 탈퇴는 임의로 할 수 있도록 하되(제36조 제2항), 변호사 등록이 취소되거나 업무정지명령을 받은 경우 또는 변호사법이나 공증인법에 따라 징계처분을 받은 경우 및 정관에 정한 탈퇴사유가 발생한 경우에는 당연히 탈퇴하는 것으로 규정하였다(제36조 제3항). 구성원의 탈퇴는 주사무소 소재지 지방변호사회와 대한변협을 거쳐 법무부장관에게까지 보고되어야 하는 사항이었다(제36조 제4항).

구성원이 아닌 소속 변호사는 입사와 퇴사에 있어서 법무부장관의 인가를 받을 필요는 없으나, 소속 변호사를 두게 된 법무법인은 주사무소 소재지 지방변호사회와 대한변협을 거쳐 법무부장관에게 신고를 하여야 하였다(제37조 제2항). 변경이 있는 경우에도 마찬가지였다(제37조 제2항).

　법무법인이 분사무소를 두는 경우에도 사무소 소재지 지방변호사회와 대한변협을 거쳐 법무부장관에게 신고를 하여야 하였다(제38조 제2항).

　(나) 제14차 개정 변호사법(전부개정 2000. 1. 28. 법률 제6207호)

　법무법인의 구성원에 있어서 탈퇴는 종래와 마찬가지로 보고사항이었으나(제46조 제4항), 가입은 종래의 인가사항에서 신고사항으로 변경되었다(제46조 제1항). 소속변호사에 대한 신고의무는 삭제되었다(제47조). 이 규정의 신고가 단순한 자기완결적 성격의 신고를 의미하는 것인지 행정청의 수리를 요하는 등록적 성격의 신고를 의미하는 것인지는 분명하지 않다.

4. 자치성 지표에 따른 현행 변호사법[16]의 평가

가. 변호사 등록 과정에 있어서의 자치성 정도

　현행법상 변호사의 등록은 자격등록과 소속변경등록 두 가지로 되어 있다. 두 가지 등록 모두 대한변협에 전속되어 있다. 이 점에서는 등록에 관한 자치성이 많이 신장되었다고 볼 수 있다.

　그러나 자격등록의 등록거부사유를 규정하고 있는 현행 변호사법 제8조 제1항은 등록 거부여부를 판단함에 있어서 대한변협의 재량 여지를 거의 인정하지 않고 있다. 우선 등록을 거부하기 위해서는 반드시 등록심사위원회의 의결을 필요로 하는데, 이 등록심사위원회는 대

16　2015. 12. 31.을 기준으로 시행하고 있는 변호사법은 제29차 개정 변호사법(2014. 12. 30. 법률 제12887호로 일부개정된 것)이다. 2016. 3. 2. 법률 제14056호로 개정되어 2016. 7. 1.부터 시행된 제30차 개정이 있으나 다른 법률의 개정에 따른 동반개정으로 변호사법 자체로는 별다른 의미를 갖지 않는 개정이다.

한변협 산하의 조직이기는 하지만, 그 구성은 대한변협 소속이 아닌 외부 인사가 절반을 차지하도록 되어 있다. 그리고 제8조 제1항에서 규정하는 등록을 거부할 수 있는 사유에 있어서도 재량적 판단이 작용할 수 있는 여지가 거의 없다. 다소라도 재량이 허용되는 거부사유는 제8조 제1항 제3호의 '변호사의 직무를 수행하는 것이 현저히 곤란한 여부', 제4호의 '변호사 직무를 수행하는 것이 현저히 부적당한 여부'밖에 없다. 제10차 개정에서 도입되었던 '결격사유에 해당하였다가 그 사유는 소멸되었으나 변호사의 직무를 수행함이 현저히 부적당하다고 인정되는 경우'조차 제14차 개정에서 삭제되었다. 변호사의 등록에 관하여 변호사단체가 재량을 행사할 수 있는 여지를 엄격하게 제한하는 취지는 변호사단체가 등록심사권을 자의적으로 남용할 가능성을 방지하고자 하는 것 외에는 그 이유를 찾아보기 어렵다. 그러나 외부위원이 절반을 차지하는 등록심사위원회의 의결을 필수적 요건으로 규정하고 있는 이상 변호사단체의 등록심사권 남용 가능성은 거의 없다고 할 수 있다. 독일이나 일본 및 프랑스, 영국 등의 입법례 역시 변호사의 등록심사과정에서 변호사단체에 거의 전적인 재량권을 부여하고 있다.[17] 이러한 외국의 입법례와 비교해 보더라도 우리의 변호사자격 등록과정에 있어서 변호사단체의 자치성 보장 정도는 많은 부분에서 개선이 필요하다고 할 수 있다.

　　등록심사위원회에 외부위원이 반수를 차지하도록 규정하고 있는 부분도 변호사단체의 자치성을 침해하는 요소라는 평가가 가능할 수 있다. 그러나 등록거부사유에 변호사단체의 재량적 판단이 가능할 수 있는 요소를 도입하여야 한다는 관점에서는 등록심사위원회에 변호사 이외의 자가 관여하는 것 자체는 수긍할 수 있다고 본다. 단지 등록심사위원회의 활동에 대한 투명화가 필요하다.

---

17 해외 입법사례는 이 연구의 Ⅲ. 부분에서 자세히 살펴보게 될 것이다.

등록심사기간을 법정불변기간으로 규정하는 것까지는 이해할 수 있으나, 그 기간이 지나기까지 심사를 완료하지 못한 경우에 등록을 거부한 것으로 간주하는 것이 아니라 등록이 된 것으로 간주하는 규정도 변호사단체의 충실한 등록심사를 어렵게 만드는 요인이 되고 있다는 점에서 적절하다고 할 수 없다. 제6차 개정으로 도입되었던 등록거부간주제도로 되돌아가는 것이 바람직하다고 볼 수 있다. 만일 등록심사위원회가 등록심사를 지연시킨다면, 현행법에 따라 법무부장관에게 이의를 신청하거나, 이 연구에서 제시하는 것처럼 법원에 등록자격이 있음을 확인받는 소송을 제기함으로써 구제를 받을 수 있을 것이다. 물론 쟁송기간 동안 변호사의 지위를 인정받지 못하는 불이익이 발생할 우려는 있으나, 그러한 불이익보다는 변호사의 자격등록심사를 충실하게 수행함으로써 달성하고자 하는 공익적 필요성이 훨씬 크다고 할 것이다.

법무부장관이 등록을 명하거나 등록취소를 명하도록 규정하고 있는 부분은 등록에 관한 사무가 대한변협으로 이관된 이후에 계속 존속하고 있다. 그러나 이 부분 역시 변호사단체의 자치성 보장의 관점에서는 적절하다고 할 수 없다. 등록이나 등록취소에 관하여 대한변협으로부터 독립한 등록심사위원회의 의결을 필수적으로 거치도록 규율하고 있는 점을 고려할 때 법무부장관의 등록명령이나 등록취소명령은 옥상옥(屋上屋)에 해당한다.

이상은 자격등록의 경우에 국한된 것이고, 소속변경등록에 관하여는 지방변호사회나 대한변협 모두 아무런 권한을 행사할 수 없는 것처럼 규정되어 있다. 변호사로 등록한 후 상당시간이 경과하여 개업신고를 하는 경우,[18] 혹은 휴업 중이거나 폐업 상태에서 재개업하는 경우

---

18 이른바 준회원 상태에서 개업하는 경우이다. 현행 대한변협 회칙에서는 개업신고를 하지 않았거나 휴업신고를 한 회원을 준회원이라 하고, 서울지방변호

에도 현행법상으로는 단지 자기완결적 성격의 개업신고만으로 충분하도록 되어 있다. 이 점은 변호사 개인의 입장에서는 자유로운 업무수행을 가능하게 만들어준다는 효과가 있을 것이다. 그러나 변호사단체의 존재의의가 '제도로서의 변호사'를 보호하고 발전시켜야 하는 데에 있다는 점에서 이러한 경우에도 변호사단체가 심사 등으로 관여할 수 있는 여지를 만들 필요가 있다.

나. 변호사 징계에서의 자치성 정도

현행 변호사법상 변호사에 대한 징계제도는 상당부분 변호사단체의 자치성을 강화하고 있다고 볼 수 있다. 징계개시 청구권은 원칙적으로 대한변협의 장에게 전속되어 있고, 징계개시 청구에 따라 징계사건을 심의하는 권한도 대한변협에 설치하는 변협징계위원회에 전속되어 있으며, 변협징계위원회의 구성에 외부위원이 절반을 차지하고 있으나 그 외부위원 중 1인에 대해서는 대한변협의 장이 추천권을 행사할 수 있도록 되어 있기 때문이다.

이러한 현행법의 태도는 과거의 체제 중 법무부에 변호사에 대한 징계권이 전속되어 있었던 경우에 비해서는 상당히 개선된 것이다. 그러나 징계 과정에서 변호사단체의 위상은 그다지 강화되었다고 보기 어렵다. 오히려 어떤 측면에서는 과거 제10차 개정 변호사법 체제의 경우보다 약화되었다고 볼 수 있는 부분도 존재한다. 제10차 개성에서는 검찰총장이 대한변협의 장에게 징계개시를 신청할 수 있도록 한 규정을 삭제함으로써 변호사에 대한 징계개시 신청권한은 소속 지방변호사회에만 귀속되었었기 때문이다.

현행 변호사법상으로는 징계개시의 신청권이 지방변호사회뿐만 아니라 지방검찰청 검사장과 법조윤리협의회에도 부여되어 있다. 지방

사회 같은 경우에는 등록만 마치고 아직 개업신고를 하지 않은 회원을 준회원이라 하여 휴업회원과 준회원을 구별한다.

검찰청 검사장은 징계개시 신청권 외에 직접 과태료부과권도 보유하고 있으며, 변호사에 대한 징계의 종류 중에도 과태료가 들어 있다. 이에 따라 지방검찰청 검사장은 스스로의 선택에 따라 변호사 징계개시 신청권을 행사하여 과태료가 부과되도록 하거나 직접 과태료를 부과할 수 있는 권한을 동시에 보유하고 있는 것이다. 이는 결국 지방검찰청 검사장이 대한변협의 장과 거의 동일한 권한을 행사할 수 있다는 것을 의미한다.

법조윤리협의회가 보유하고 있는 공직퇴임변호사나 특정변호사에 대한 징계개시 신청권 역시 구태여 변호사단체 이외의 기관에 그러한 권한을 부여할 필연적 이유는 없다. 법조윤리협의회는 '법조비리'를 척결하기 위한 조직임에도 불구하고, 법원과 검찰에 대해서는 아직까지 단 한 차례도 문제제기를 한 적이 없다. 오로지 변호사의 징계에 관해서만 권한을 행사하는 조직이라면 변호사단체만으로도 충분할 것이다.

이런 이유에서 지방검찰청 검사장과 법조윤리협의회에 징계개시 신청권을 부여하는 것은 매우 불합리하다. 징계개시 신청권자는 대한변협의 장이 징계개시를 청구하지 않기로 한 경우에 이에 대하여 변협징계위원회에 이의를 신청할 수 있을 뿐만 아니라(제97조의5 제1항), 변협징계위원회의 이의신청에 대한 결정에 대해서도 불복하여 법무부징계위원회에 이의를 신청할 수 있는 권한을 보유하고 있다(제100조 제1항).

징계절차에 관하여 변협징계위원회가 내린 결정에 대한 이의신청 사건을 법무부징계위원회가 담당하도록 하는 체제도 적절하다고 보기 어렵다. 변호사에 대한 징계절차가 단순히 단체 내부의 질서유지를 위한 자치징계가 아니라 국가의 행정사무를 위탁받아 수행하는 성격을 가지고 있다고 본다면, 변호사의 징계에 관한 한 대한변협의 장은 행

정청의 지위에 있고 변협징계위원회는 그에 대한 재결기관의 지위에
있다고 할 수 있다. 재결기관에 해당하는 변협징계위원회의 결정에 대
한 불복절차는 법무부징계위원회를 거칠 필요 없이 곧바로 행정소송
절차로 이행하도록 하는 것이 적절하다. 특히 변호사단체의 자치성 보
장의 관점에서는 변호사 및 변호사단체의 감시와 비판의 대상이 되어
야 할 국가권력기관에서 변호사에 대한 징계절차에 관여하는 것이 매
우 부적절하다. 더구나 현행 변호사법은 변호사단체가 아닌 지방검찰
청 검사장과 법조윤리협의회 모두에게 징계개시 신청인에게 대한변협
협회장의 결정에 대한 불복뿐만 아니라 변협징계위원회의 결정에 대
해서도 불복할 수 있도록 2단의 불복권한을 허용하고 있다. 이 때문에
검찰청과 법무부가 독립되어 있지 아니한 우리의 현실 하에서 지방검
찰청 검사장이 징계개시를 신청한 경우, 변협징계위원회의 심사절차는
단지 요식절차에 불과하게 되고 결국 법무부징계위원회를 통하여 징
계개시절차가 진행될 우려가 매우 커지게 된다. 징계개시절차가 개시
된다고 하여 곧바로 징계가 내려지는 것은 아니지만, 징계절차가 개시
되는 경우에는 징계에 관한 결정을 기다리지 아니하고 업무정지명령
을 발할 수 있게 된다(제102조 제1항 참조). 약식명령이나 과실범으로 공
소가 제기된 경우에는 업무정지명령을 발할 수 없다. 그러므로 반드시
공소가 제기된 경우가 아니더라도 업무정지명령을 발할 필요성이 인
정될 수 있는 경우가 있을 수 있다. 이런 점에서 징계절차가 개시된
경우에도 엄격한 요건 하에 업무정지명령을 발할 수 있도록 규율하는
태도 자체는 수긍할 수 있다. 그러나 그 업무정지명령의 발령절차가
법무부장관의 주관 하에 있는 법무부징계위원회의 의결을 거쳐 법무
부장관이 발하도록 되어 있는 점은 변호사의 자율과 독립성을 위협할
수 있는 요인이 된다. 법무부장관은 변호사나 변호사단체의 감시와 비
판의 대상이기 때문이다. 변호사단체가 변호사의 징계에 관하여 자치

권을 확보하게 될 경우 업무정지명령을 발령하는 권한도 변호사단체가 행사하는 것이 상당하다. 변호사의 등록이나 징계 업무에 관한 한 변호사단체는 국가의 공적 사무를 수탁받은 지위에 있으므로 행정처분적 성격의 업무정지 명령권을 부여하더라도 문제될 것은 없다. 변호사단체의 업무정지명령에 대해서는 행정법원에 효력정지가처분을 신청하는 방법으로 불복할 수 있을 것이다.

다. 지방변호사회의 입회·설립·기구조직·활동에 있어서의 자치성 정도

지방변호사회의 입회에 관한 자치성 구현은 더욱 취약하다. 지방변호사회는 등록하려는 변호사에 대하여 등록 자격 유무에 관한 의견서를 대한변협에 제출할 수 있으나, 입회 불허를 결정할 수 있는 권한이 있는지 여부가 불분명하다. 논란[19]이 있는 지방변호사회의 입회심사권 문제를 제외한다면, 변호사가 자신이 속할 지방변호사회를 선택하여 그 지방변호사회에 입회하는 과정에는, 변호사법상 아무런 제약도 없다고 할 수 있다. 등록이 거부되는 경우에 간접적으로 소속하고자 하는 지방변호사회에 입회하지 못하는 상황이 초래될 수 있으나, 이는 등록거부로 인한 반사적 효과라고 할 것이지, 지방변호사회의 선택에 대한 직접적 제약은 아니라고 할 것이다. 변호사 개인의 입장에

---

19 서울지방변호사회는 회원으로 입회하고자 하는 자에 관하여 등록심사와 별개의 입회심사를 시행하고 있다. 그리고 입회심사에 있어서는 자격요건을 구비하지 아니한 자 또는 징계사유에 해당하는 자 이외에 기타 사유로 입회에 적당하지 아니하다고 인정되는 자에 대해서도 입회를 거부할 수 있도록 규정하고 있다(서울회 「입회및등록심사규정」 제6조 제1항 참조). 이 「입회및등록심사규정」은 서울회 회칙 제9조 제3항 및 제41조 제6항에 근거한 것이고, 이 회칙은 대한변협과 법무부장관의 승인을 받은 것이다. 그러나 변호사법에서는 자격등록에 관한 의견개진 이외에는 지방변호사회의 권한을 규정하고 있지 않고 있을 뿐만 아니라, 자격등록이나 소속변경등록이 마쳐지면 입회가 된 것으로 간주하도록 되어 있어서 입회심사에 관한 권한 유무를 둘러싸고 실무상 간혹 논란이 발생하고 있다.

서는 자유로운 지방변호사회 선택권이 보장된다고 할 수 있지만, 변호
사제도의 관점에서 지방변호사회가 소속 회원의 입회에 관하여 아무
런 권한도 보유하고 있지 못하다는 사실은 그다지 바람직하다고 볼 수
없다. 변호사단체의 존재의의를 '제도로서의 변호사'를 보호하고 발전
시키는 데에 있다고 보는 것이 이 연구에서 취하는 입장임은 앞에서
이미 설명하였다.[20] 이러한 변호사단체의 존재의의를 제대로 구현하기
위해서는 부적격자에 대한 입회거부의 권한이 어느 정도 허용될 필요
성이 있기 때문이다.

　지방변호사회의 설립에 관하여 인가주의를 채택하여 법무부장관
의 인가를 받도록 규율하는 것은 다른 공공기관의 설립에 관한 입법태
도에 비추어 수긍할 수 있는 측면이 있다. 관점에 따라서는 감시와 비
판의 대상이 되는 법무부장관이 지방변호사회의 설립에 관한 인가권
을 행사하는 것이 적절하지 않다는 입장을 취할 수도 있을 것이다. 그
러나 변호사단체의 설립에 관하여 자유설립주의나 준칙주의를 취하는
것은 적절하지 않다. 인가주의가 적절한 입법태도라고 할 때 지방변호
사회의 설립에 관한 인가권자로 법무부장관을 배제한다면 대한변협을
생각할 수 있을 것이나 대한변협의 설립에 대해서도 인가주의를 적용
해야 하는 이상 대한변협의 설립에 행정주체 중 누군가의 인가를 받도
록 하지 않을 수 없다. 그 경우 가장 적절한 인가권자는 법무부장관이
라고 할 것이다. 결국 지방변호사회 설립의 인가권 역시 법무부장관에
게 귀속되는 것은 지방변호사회나 대한변협이 공공기관 또는 행정사
무를 수탁받은 공무소(公務所)에 준하는 성격을 갖는다는 점을 고려한
다면 불가피하다고 할 것이다.

　지방변호사회의 설립에 관하여 인가주의를 수긍하는 이상 임원의
종류나 총회, 이사회 등에 관하여 변호사법에서 규율하는 것도 상당성

| 20 Ⅱ.의 1. 참조.

을 수긍할 수 있다. 현행 변호사법은 기구조직에 관한 한 기본적인 사항 이외에는 모두 지방변호사회의 회칙에 위임하는 태도를 취하고 있어 자치성 보장의 측면에서는 지금까지의 어느 변호사법보다도 가장 진전된 형태를 취하고 있다고 볼 수 있다. 물론 관점에 따라서는 지방변호사회의 기구조직 등에 관하여 법률에 직접적으로 규정하는 것이 오히려 변호사단체의 위상을 높이고 외부의 간섭으로부터 독립성을 유지할 수 있는 방안이라는 입장을 취할 수도 있다. 그러나 변호사단체의 기구조직에 관한 사항을 법률에서 상세하게 규정하게 되는 경우에는 변화하는 현실에 탄력적으로 대응하기 위한 조직의 변신을 어렵게 만드는 요인이 될 수 있다는 점을 고려할 필요가 있다.

다만, 지방변호사회 총회의 결의 내용을 지체 없이 법무부장관에게 보고하도록 하는 부분과, 법무부장관이 지방변호사회 총회의 결의가 법령이나 회칙에 위반된다고 인정하면 대한변호사협회의 장의 의견을 들어 취소할 수 있도록 하는 부분은 변호사단체의 자치성 보장 측면에서는 매우 부적절하다.

라. 대한변협의 입회·설립·기구조직·활동에 있어서의 자치성 정도

변호사의 자격등록이 곧 대한변협의 입회로 취급되고 있는 이상, 대한변협 입회에 관한 문제는 위의 등록에 관한 부분에서 살펴본 것과 같다.

대한변협의 설립절차에 관한 현행 제79조의 문제점은 앞에서 이미 살펴보았다. 과거의 연혁이나 현재의 상황과도 전혀 부합되지 않는 부분이다. 대한변협의 설립에 관하여 인가주의에 대한 부정적 시각이 있을 수 있으나, 이 연구에서는 인가주의를 적절한 입법태도로 받아들이며, 그 경우 인가권자는 법무부장관일 수밖에 없다는 점도 인정하는 입장인 점은 위에서 지방변호사회에 관하여 살펴본 것과 같다. 임원의

종류나 총회, 이사회 등에 관하여 변호사법에서 규율하는 태도에 대해서도 지방변호사회의 경우와 마찬가지 입장이다. 같은 관점에서 대한변협 총회의 결의 내용을 지체 없이 법무부장관에게 보고하도록 하는 부분과 법무부장관이 그 결의가 법령이나 회칙에 위반된다고 인정하면 이를 취소할 수 있도록 하는 부분은 변호사단체의 자치성을 침해하는 내용이라는 점도 지방변호사회의 해당 부분에 관한 입장과 마찬가지이다.

마. 법무법인 등의 설립 및 조직과 활동의 자치성 정도

법무법인 등의 설립에 관하여 인가주의를 채택하고, 법무부장관이 인가권을 행사하도록 하는 것은 의문이다. 물론 법무법인 등의 설립에 인가주의를 취하는 것이 적절하다는 관점도 가능할 것이다. 그러나 법무법인 등을 설립하는 주체가 변호사라는 점을 고려한다면 그 설립에 관한 입법태도는 준칙주의 정도로도 충분한 것이 아닌가 하는 의문이 든다. 법무법인 제도가 도입된 이래 현행법에 이르기까지 법무법인 등의 구성원 변호사에게 요구되는 경력요건이나 구성원의 수에 관한 요건이 계속 완화되는 추세에 있었다는 점을 고려할 때, 법무법인의 설립에 관하여 인가주의를 고수하는 태도는 이 추세에 부합하지 않는다.

법무법인의 구성원 탈퇴사유로 업무정지명령을 받은 경우를 규정하면서 업무정지명령은 법무부장관이 발하도록 규정하는 것은 변호사의 경우와 마찬가지로 법무법인에 대한 부당한 탄압으로 작용할 수 있는 위험성이 있다. 비록 업무정지명령의 발령과정에 법무부징계위원회의 의결을 거치도록 하더라도 그 법무부징계위원회를 법무부장관이 주관하는 이상 이러한 위험성은 줄어들지 않는다고 할 것이다.

바. 현행 변호사법에 대한 종합적 평가

변호사(법무법인 등 포함) 또는 변호사단체에 대한 행정관청의 감독체제는 우리나라에만 특유한 상황은 아니라고 할 수 있다. 그럼에도 불구하고 이러한 체제에 대하여 낮은 평가를 내리는 이유는 감독권한을 행사하는 행정관청이 현실적으로 그 감독권한을 행사해서 변호사나 변호사단체의 자율성과 독립성을 침해하는 결과가 벌어지고 있는지, 아니면 그러한 체제는 추상적·형식적인 체제에 불과하여 실제로는 변호사나 변호사단체의 자율성과 독립성이 거의 완전하게 보호되고 있는지 여부를 고려할 필요가 있다.

이러한 관점에서 2014년에 서울중앙지방검찰청 검사장이 변호사 2명에 대하여 징계개시를 신청했던 사건은 변호사 및 변호사단체에 대한 자치성의 정도를 평가함에 있어서 중요한 척도가 될 수 있다. 서울중앙지방검찰청 검사장의 징계개시 신청에 대해 대한변협 협회장은 징계개시 청구를 하지 않았다. 검사장은 이에 대하여 변협징계위원회에 이의를 신청하였고, 변협징계위원회가 이의신청을 기각하자 법무부징계위원회에 재이의를 신청하였고 법무부징계위원회는 재이의신청을 받아들여 징계절차 개시를 결정한 바 있다. 법무부징계위원회의 징계개시결정의 이유는 비교적 단순하였다. 징계개시 신청인의 주장과 징계개시 피신청인의 주장이 서로 다르므로 그에 관한 사실심리가 필요하다는 것이었다. 얼핏 수긍할 수 있는 판단이라고 할 수 있다. 그런데 문제는 앞에서 살펴본 것처럼 변호사에 대하여 일단 징계절차가 개시되고 나면 법무부장관이 업무정지명령을 발할 수 있게 된다는 점이다. 법무부징계위원회의 의결을 요건으로 하고 있기는 하지만, 법무부징계위원회를 법무부장관이 주관하고 있는 사정 및 위원의 구성에 있어서 법무부장관의 의견이 영향을 미칠 가능성이 높은 사정 등을 고려할 때 법무부징계위원회가 법무부장관의 업무정지명령에 대하여 합리적인 통제를 하지 못할 우려가 있다는 점은 앞에서 이미 지적한 바와 같다. 이렇듯 우리 변호사법 체제 하에서 행정관청의 감독권한을 평가함에 있어서는 행정관청의 감독권한이 단지 추상적·상징적인 기능에 그치는 것이 아니라 구체적이고 실제적으로 행사되고 있다는 점을 고려할 필요가 있다.[21] 현행 변호사법의 자치성 지표에 대하여 이 연구에서 내리는 평가에는 이러한 고려가 반영되어 있음을 밝혀둔다.

변호사의 자격등록절차에 외부인사가 상당부분 관여하도록 제도화되어 있는 점에 대해서는, 이론(異論)이 있을 수 있으나 이 연구에서는 긍정적으로 평가한다. 다만 이러한 평가는 등록거부사유에 관한 재량적 판단이 가능하도록 하여야 한다는 점을 전제로 한다. 등록거부사유에 변호사단체의 재량적 판단이 거의 허용될 수 없도록 되어 있는 점, 지방변호사회의 입회 허부에 관한 판단권한이 명문으로 보장되어 있지 않아 논란이 계속 이어지고 있는 점, 등록심사기간 경과의 효과를 등록간주로 취급하는 점, 법무부장관이 등록이나 등록취소를 명할 수 있도록 되어 있는 점, 준회원의 개업신고에 대하여 심사 등 관여할 수 있는 권한이 전혀 인정되어 있지 않은 점 등을 고려한다면 등록에 관한 변호사단체의 자치성 보장 정도는 중간 이하라고 할 수 있다. 등록과정에 있어서 변호사단체의 관여는 변호사 개인에게는 규제와 감독에 해당할 수 있으나, '제도로서의 변호사'를 보호하고 발전시키기 위해서는 필요불가결한 요소이기 때문이다.

변호사에 대한 징계제도의 경우 일정 부분 변호사단체의 자치성이 구현되어 있다고 평가할 수 있다. 그러나 변호사 및 변호사단체에 의한 감시와 비판의 대상이 되어야 할 법무부장관이 주관하는 법무부 징계위원회가 변협징계위원회의 결정에 대한 이의신청을 담당하고 있

---

21 다만 위 법무부 변호사징계위원회의 징계개시결정에 대해서는 징계혐의자들이 불복하여 행정소송을 제기하였고(서울행정법원 2015구합77714), 법원은 변호사법 제100조의 '징계 결정에 대한 불복'에서 '징계결정'이란 '변협징계위원회의 징계결정'을 의미하는 것이고 변협징계위원회의 이의신청 기각결정까지 포함하는 것이라고 보기 어렵다는 이유로 징계절차 개시결정이 무효라고 판결하였다. 이 사건은 법무부 변호사징계위원회의 항소로 현재 서울고등법원 2016누50619호로 계속 중이다.

는 점, 징계개시 신청권을 보유한 지방검찰청 검사장에게 변협징계위
원회의 결정에 대하여 이의를 신청할 수 있는 권한을 부여함으로써 결
과적으로 변호사에 대한 징계권이 국가에 대하여 비판적인 변호사나
변호사단체에 대한 탄압의 도구로 남용될 수 있는 위험성이 있는 점,
과태료 부과권한을 갖고 있는 지방검찰청 검사장이 그 권한과 별도로
징계개시 신청권을 행사할 수 있도록 되어 있는 점, 변호사단체가 충
분히 감독권한을 행사할 수 있는 문제임에도 법원과 검찰에서 관여하
는 법조윤리협의회가 변호사에 대한 징계개시 신청권을 행사할 수 있
도록 허용하고 있는 점, 변호사단체가 아닌 징계개시 신청권자(지방검
찰청 검사장 및 법조윤리협의회)가 대한변협 협회장의 징계에 관한 결정
에 대하여 변협징계위원회에 이의를 신청할 수 있을 뿐만 아니라, 변
협징계위원회의 이의신청에 대한 결정에 대해서도 법무부징계위원회
에 재이의를 신청할 수 있도록 하여 2단의 이의신청권을 인정하고 있
는 점, 위와 같이 사법기관도 아닐뿐더러 법무부장관의 영향력 아래
놓여 있는 법무부징계위원회의 의결을 거치기만 하면 법무부장관이
변호사의 업무를 정지시킬 수 있는 권한을 보유하고 있는 점 등을 고
려할 때 변호사에 대한 징계제도의 측면에서 자치성의 정도 역시 상당
히 낮은 수준이라고 평가할 수 있다.

　　지방변호사회는 현행 변호사법상 대한변협을 구성하는 기본단위
임에도 불구하고, 변호사의 입회, 소속변경 전회 등에 관하여 아무런
권한도 행사할 수 있도록 되어 있지 않다. 지방변호사회의 권한 행사
는 '제도로서의 변호사'를 보호하고 발전시키기 위한 전제요건이다. 다
만 지방변호사회의 설립에 관하여 인가주의를 취하여 법무부장관의
인가를 받도록 한 부분은 수긍할 수 있다. 지방변호사회의 기구조직에
관한 현행법의 태도 역시 자치성 보장의 관점에서는 상당히 진전된 내
용이다. 다만 지방변호사회 총회의 결의 내용을 지체 없이 법무부장관

에게 보고하도록 하는 부분과, 법무부장관이 지방변호사회 총회의 결의가 법령이나 회칙에 위반된다고 인정하면 대한변호사협회의 장의 의견을 들어 취소할 수 있도록 하는 부분은 변호사단체의 자치성을 취약하게 만들 수 있는 독소조항이라고 할 수 있다. 이러한 사정을 종합적으로 고려한다면 지방변호사회의 자치성에 관한 현행법의 보장수준은 중상(中上) 정도로 평가할 수 있다.

대한변협의 입회·설립·기구조직·활동에 있어서의 자치성 정도는 대체적으로 지방변호사회의 경우와 비슷하다고 할 수 있다. 다만 대한변협은 변호사의 등록 허부에 관한 심사권한이 명문으로 인정되어 있으므로 지방변호사회보다 다소 자치성이 강하다고 볼 여지는 있으나, 법무부에서 등록명령이나 등록취소명령을 발할 수 있는 한 큰 차이가 있는 것은 아니라고 할 수 있다. 일반적인 등록거부사유의 부재라는 문제점이 곧 대한변협의 입회 허부에 대한 심사권한의 문제점이기 때문이다. 이런 점에서 대한변협의 자치성 정도는 중간 정도라고 할 수 있다.

법무법인 등의 설립 및 조직과 활동의 자치성 정도에 있어서 설립에 관하여 인가주의를 취하는 것이 가장 큰 문제이다. 구성원 탈퇴사유에 업무정지명령을 받은 경우를 포함시킴으로써 자의적인 업무정지명령을 통하여 법무법인의 존립에 위협을 초래할 수 있다는 점도 자치성의 측면에서는 부정적 요소이다. 이런 점들을 고려한다면 현행법상 법무법인 등의 자치성 정도 역시 중간 이하라고 평가할 수 있을 것이다.

5. 변호사단체의 자치성에 대한 도전

이상과 같이 우리 변호사법은 변호사단체의 자치성 측면에서 매우 미흡한 수준에 머무르고 있다. 그럼에도 불구하고 종종 변호사단체의 자치성을 더욱 약화시키기 위한 시도들이 자행되고 있다. 이러한 시도들은 대체로 법무부의 변호사단체에 대한 관여를 강화하는 내용과 일반시민단체로 하여금 유상으로 법률사건이나 법률사무의 중개·알선을 허용하는 내용으로, 그 배경에는 법무부에서 대학교수 등 학식과 경험이 풍부한 사람들을 위원으로 구성한 변호사제도개선위원회가 자리하고 있었다. 변호사 자치에 대한 구체적인 도전 사례들의 예를 들어보면 다음과 같다.

가. 변호사중개제도 도입 시도

법무부가 추진한 변호사중개제도란 법무부장관의 설립인가를 받은 비영리법인으로 하여금 유료로 변호사와 의뢰인의 중개 업무를 담당하게 하자는 제도를 말한다. 중개 업무를 유상으로 수행하는 것은, 비록 해당 법인을 비영리법인으로 제한한다고 하더라도 중개행위의 대가가 해당 법인에서 활동하는 이들에게 보수 형태로 지급되기 때문에, 변호사법 제34조를 정면으로 위반하는 법률사건·사무의 유상주선을 허용하겠다는 발상이었다.

나. 법무부장관의 변호사 전문분야 등록제도 관여

법무부는 대한변협이 주관하여 시행하는 변호사 전문분야의 등록 또는 갱신을 위한 신청이 거부되거나 등록이 취소된 변호사는 그 통지를 받은 날로부터 3개월 이내에 부당한 이유를 소명하여 법무부장관에게 이의신청을 할 수 있도록 하는 제도를 추진한 바 있다. 이 제도 역시 대한변협에서 자율적으로 시행하고 있는 변호사 전문분야 등록 제도의 운영을 법무부장관의 권한에 복속시키겠다는 발상을 드러낸 것이었다.

다. 변호사단체를 배제한 변호사정책협의회 구성 추진

법무부는 관계 중앙행정기관의 공무원과 국내외 법률분야에 관한 전문지식이나 경험이 풍부한 사람 중에서 법무부장관이 위촉하는 위원장을 포함한 25인 이내의 위원으로 이른바 변호사정책협의회를 구성하여 이를 법무부에 두고 변호사 제도에 관한 정부의 중요 정책 및 계획을 협의하겠다는 내용의 법제화를 추진한 바 있다. 변호사 제도에 관한 정부의 중요 정책 및 계획을 협의하는 자리에 법조3륜인 변호사, 법원, 검찰이 모두 배제되는 이유를 납득하기 어려운 정책이었다. 검찰이야 법무부와 실질적 동일성을 유지하는 조직체이므로 위와 같은 정책협의회 구상은 사실상 변호사 정책을 협의하는 자리에 변호사단체를 배제시키겠다는 발상에 다름 아닌 것이었다.

라. 변호사 징계기준에 대한 법무부장관의 승인권 도입 추진

변호사 징계기준에 대한 법무부장관의 승인권이란 대한변협의 장으로 하여금 비위(非違)의 유형, 정도, 과실의 경중 등을 참작하여 변협 징계위원회의 의결을 거쳐 변호사 징계기준을 마련하여 법무부장관의 인가를 받도록 하는 것을 가리킨다. 대한변협의 장이 징계기준을 변경하고자 하는 경우에도 마찬가지로 법무부장관의 승인을 얻도록 하겠다고 하였다.

변호사에 대한 징계의 수위가 징계의 원인이 된 비위행위의 유형이나 그 정도 및 해당 행위자의 책임 정도 등을 고려함이 없이 자의적으로 결정된다면 이는 분명히 잘못된 것이다. 그러나 엄밀하게 살펴보면 그러한 자의적 징계수위 결정의 책임이 대한변협에 있는 것은 아니다. 법원행정처장이 추천하는 판사 2명, 법무부장관이 추천하는 검사 2명, 변호사가 아닌 법학 교수 및 경험과 덕망이 있는 자 각 1명 등 변호사가 아닌 위원이 3분의 2를 차지하고 있는 변협징계위원회 위원 구성의 면면을 보면 그 책임이 어디에 있는 것인지는 분명해진다. 그럼에도 불구하고 마치 그와 같은 자의적인 징계수위의 결정이 대한변협의 잘못인 것처럼 호도하면서 징계기준을 수립하여 법무부장관의 인가를 얻도록 하겠다는 것은 변호사의 징계에 관한 법무부장관의 관여를 더욱 강화하겠다는 발상이라고밖에 볼 수 없는 것이다.

마. 소 결

이상과 같이 그동안 변호사와 변호사단체의 자치성을 약화시키고 관료적 통제를 더욱 강화시키려는 시도들 중 몇 가지 사례들을 살펴보았다. 이러한 시도들이 매우 부당한 것임은 두말할 나위가 없겠지만, 다른 한편으로는 변호사단체가 스스로 엄정한 자기관리를 통하여 자치에 걸맞는 책임 있는 자세를 보여줄 필요가 있다는 교훈을 얻게 된다. 변호사단체가 변호사 안내제도나 전문분야 등록 제도를 미리미리 잘 정비해서 시빗거리를 원천 차단하였더라면 위와 같은 자치성 침탈 시도는 이루어질 수 없었을 것이다. 편차가 커서 객관적 타당성이 부족하다는 비판을 받은 변호사 징계 수위 역시 마찬가지이다. 변협 변호사징계위원회의 구성 탓으로만 돌릴 것이 아니라 객관성을 상실한 징계 수위 결정의 책임 소재가 어디에서 비롯된 것인지를 외부에서 분명히 판별할 수 있는 방안을 마련하기 위한 노력이 턱없이 부족했던 점은 변호사단체 스스로 반성해야 할 부분이다. 징계처분의 공개 범위와 시행 방법, 징계정보의 열람·등사를 신청할 자격이 있는 '변호사를 선임하려는 자'의 해당 여부, 열람·등사의 방법 및 절차, 이에 소요되는 비용에 관하여 필요한 사항은 대통령령에 위임되어 있으나, 그밖에 다른 사항까지 대통령령에 위임된 것은 아니므로, 대통령령에 위임된 사항을 제외하고 변협징계위원회의 의사결정에 관한 절차적·기술적 사항들은 대한변협이 자체적으로 기준을 마련할 수 있다고 볼 것이기 때문이다.

Ⅲ. 외국 변호사단체의 자치성 지표

이하에서는 독일, 프랑스, 영국, 일본 등 외국에서 변호사와 변호사단체에 관하여 어떻게 규율하고 있는지를 살펴봄으로써 우리 변호사 및 변호사단체의 자치성이 어느 정도의 수준에 있는지 그리고 제대로 된 자치성을 구현하기 위하여 얻을 수 있는 시사점은 무엇인지 살펴보고자 한다. 참고로 미국의 경우는 변호사협회(American Bar Association) 자체가 임의단체이고 우리와 변호사관리 체제가 전혀 다르므로 연구 검토 대상에서 제외하였다.

1. 독 일

가. 변호사의 지위

독일 연방변호사법(Bundesrechtsanwaltsordnung, BRAO로 약칭) 제1조는 변호사는 독립적인 사법기관(Organ der Rechtspflege)의 하나라고

규정하고 있다. 변호사에 대한 이러한 자리매김은 변호사를 자유직업 인보다는 법관이나 검사와 유사한 관료적 지위로 파악할 수 있게 한 다. 그러나 이러한 자리매김이 변호사의 자유직업성을 부정하는 것은 아니다(BRAO 제2조 제1항). 비록 상인적 방법에 의한 영업은 허용되지 않지만(같은 조 제2항), 보수를 취득하는 것이 당연하게 허용되고 있기 때문이다. 상인적 방법에 의한 영업이 허용되지 않는다는 것은 이윤의 추구나 영업의 양도[22] 등 일정한 부분에 있어서 제약을 받는 것을 의 미한다.

나. 변호사 등록 과정에 있어서의 자치성 정도

변호사는 사무소를 개설하는 주의 인가를 받아야 하는데, 변호사 의 인가에는 변호사회(Rechtsanwaltskammer)의 승인(Zulassung)이 필요 하며(제12조),[23] 변호사회에서 선서를 해야 한다(제12a조). 변호사가 선 서와 직업책임보험체결 또는 임시보험체결확약을 증명할 경우 변호사 회는 인증서(Die Urkunde)를 교부한다(제12조 제2항). 이 인증서를 받음 으로써 승인이 되고, 승인을 받은 후라야 비로소 '변호사'라는 호칭을 사용할 수 있다(제12조 제4항). BRAO 제7조는 인가거부사유를 규정하 고 있는데 그 내용은, '연방 헌법재판소(Bundesverfassungsgerichts)의 판 결로 기본권을 박탈당하거나, 형사 유죄판결로 공무담임에 결격사유가 있는 경우, 변호사자격 박탈 판결 후 8년이 경과하지 않은 경우, 탄핵 이나 징계처분으로 면직된 경우, 변호사의 직무를 수행하기에 부적절 한 행위를 하여 변호사의 품위와 명예를 저해한 경우, 형사처벌을 받 을 범죄의 방법으로 자유민주적 기본질서에 대항하는 경우, 일시적이

---

22 변호사가 다른 변호사에게 자신의 업무 관련 서류를 넘겨주는 업무승계계약 (Kanzleiuebernahmevertrag)과 관련하여 연방 최고법원은 그 효력을 부정한 바 있다(BGH NJW 1996, 1305).
23 과거에는 주 사법행정기관의 승인을 얻도록 되어 있었는데(BRAO 제8조), 삭 제되었다.

아닌 건강상의 문제로 변호사의 직무를 수행할 수 없는 경우, 독립적인 사법기관으로서의 변호사의 지위와 부합하지 않거나, 변호사의 독립성에 대한 신뢰를 위태롭게 하는 활동을 수행하는 경우, 재정적 파탄상태에 있거나 그러한 상태에 있는 것으로 의심되거나 파산절차가 개시된 경우이거나 법원에 의한 압류절차가 개시된 경우, 법관·공무원·직업군인 또는 한시적 군인인 경우[다만 이러한 직을 명예직으로 수행하는 경우와 의원(議員)법(Abgeordnetengesetzes) 제5조, 제6조, 제8조 및 제36조에 의하여 그 권리의무가 정지되는 경우에는 예외로 한다]' 등이다. 변호사 자격을 박탈하는 확정판결이나 변호사회의 인가 취소·철회에 의해 인가의 효력은 상실된다(제13조). 변호사 자격의 인가취소·철회 사유도 거부사유와 유사하다(제14조 참조). 즉 ① 연방 헌법재판소의 판결에 따라 변호사가 기본권을 상실한 경우, ② 변호사가 형사 유죄판결을 받아 변호사 직무를 수행할 수 없을 경우, ③ 단지 일시적인 아닌 건강상의 이유로 규칙에 따른 변호사 직무수행 능력이 부재할 경우, ④ 변호사가 변호사회에 서면으로 변호사직 등록허가에 대한 권리를 포기한 경우, ⑤ 변호사가 재산박탈과 관련이 되어 있는 경우, ⑥ 변호사 재산에 대한 파산절차가 개시된 경우 또는 강제집행소송에서 변호사가 채무자명부에 등재될 경우, ⑦ 변호사가 해당 직업책임보험을 가입하지 않는 경우 등이다.[24] 변호사회는 고령 또는 육체적 고통을 근거로 변호사 등록 인가를 말소할 수 있다(제17조 제2항).

　　연방 법무부장관(Das Bundesministerium der Justiz und für Verbraucher-schutz)은 법령의 범위 내에서 변호사들의 전자적 정보의 관리에 관한 사항들을 규율한다(제31c조). 변호사전문배상의 최저한도를 연방 참의원(Bundesrat)의 동의를 얻어 경제상황의 변화에 따라 달리 정할 수 있는 권한도 갖는다(제59j조 제3항). 범죄혐의로 인한 조사나 재판 또는 변

---

24 제6호는 삭제되었다.

호사의 직무수행을 곤란하게 할 수 있는 사안으로 행정재판이 진행 중인 경우에는 등록신청에 따른 인가절차가 중지될 수 있으나(제10조 제1항, 제2항), 그 조사나 재판 결과 혐의가 인정되지 않는 경우에는 등록을 인가할 수 있다(제10조 제3항).

법령에 따른 연방이나 주 사법행정기관(Landesregierungen)[25]의 권한은 법령에 따라 연방 최고법원장에 위임될 수 있다(제33조).

변호사의 징계에 대한 대부분의 규율은 변호사법원(Anwaltsgerichtshof)에 의해 이루어진다. 다만 변호사법원의 구성이나 운영에 주 사법행정기관이 상당부분 관여할 수 있도록 되어 있는 것이 특징이다.[26] 변호사법원은 몇 개의 부를 둘 수 있고 그 부의 수는 주 사법행정기관이 사전에 변호사회의 의견을 들어 정한다(제92조 제2항 제2문). 주 사법행정기관은 변호사법원의 세부적인 지침을 정할 권한도 보유한다(제101조 제2항 제2문). 변호사법원의 구성원은 주 사법행정기관이 주 최고법원(Oberlandesgericht)의 구성원과 변호사 중에서 임명하며 임기는 5년이다(제102조 제1항 제1문, 제103조 제1항). 변호사법원의 사무 배당과 사무규정은 주 사법행정기관의 승인을 필요로 한다(제105조 제2항). 변호사법원의 부(Senat)는 연방 최고법원(Bundesgerichtshof: BGH)의 장, 배심원 신분의 2명의 구성원 및 2명의 변호사로 구성된다(제106조 제2항 제1문). 연방 법무부장관은 변호사법원에 5년 임기의 배심원(Die Beisitzer)을 위촉한다(제107조 제1항 제1문). 연방 변호사회의 의장은 변호사회의 추천에 따라 선택된 배심원의 리스트를 연방 법무부장관에 송달한다

---

25 Landesregierungen은 연방제인 독일에서 각 주의 법무업무를 담당하는 지위이다. 정확하게는 주사법행정기관이라고 해야 할 것이나, 법무부에서는 이를 주법무부장관이라고 번역하고 있다.
26 제도상으로는 이와 같은 관여가 보장되어 있다고 하더라도 실제로는 형식적·기술적인 관여에 그칠 뿐 실질적으로 변호사법원의 활동에 관여하는 것은 아니라는 것이 독일 변호사들의 입장이다.

(제107조 제2항 제1문). 변호사법원은 1심에 대한 권한을 가지며(제119조 제1항), 장소적 관할은 변호사회의 소재지에 따라 정해진다(제119조 제2항). 변호사법원 소재지에 있는 주 최고법원의 검사는 변호사법원의 절차에 있어서 검사로서의 역할을 수행한다(제120조). 검사와 변호사회는 변호사의 의무위반에 대한 혐의와 그에 따른 징계조치의 논리근거를 상호 통보한다(제120a조). 주 최고법원 소재지에 있는 변호사법원은 이의(제142조)와 항소심(제143조)을 맡고, 연방 최고법원(BGH)의 변호사부(Anwaltsenat)에서 상고심을 맡게 된다. 변호사법원에는 행정소송법의 규정이 준용된다(제112c조). 변호사법원의 절차는 주 최고법원 검사의 기소에 의해 개시된다(제120조). 연방 최고법원은 제1심과 최종심으로 다음의 사건들에 대한 관할권을 갖는다. ① 연방 법무부장관 또는 연방 최고법원의 변호사회의 결정에 대한 소송 또는 연방 법무부장관 또는 연방 최고법원의 변호사회 권한 관련 결정에 대한 소송, ② 연방 변호사회와 변호사회의 결정과 선거무효 관련 사건(제112a조 제3항).

　　주 사법행정기관은 변호사회 이사회 의장 추천과 임명 전 이사로부터 청문할 권리가 있고(제93조 제2항), 변호사법원에 필요한 회원 수를 정하며, 이와 관련 변호사회 이사회로부터 경청할 권리가 있다(제94조 제2항). 주 사법행정기관의 청구에 의해 변호사법원의 구성원이 면직될 수 있다(제95조 제2항). 건강상의 사유 또는 개인적으로 중대한 사유가 있을 경우 주 사법행정기관은 변호사법원의 청구에 의해 변호사법원의 구성원을 면직할 수 있다(제95조 제3항). 주 사법행정기관은 변호사법원의 사무소 수와 사무규정을 승인하는 권한을 갖는다(제98조 제4항 제2문).

다. 변호사 징계에서의 자치성 정도

　　변호사의 책임이 경미하고 변호사법원의 절차에 의한 청구가 불필요한 경우에는 변호사회의 이사회가 변호사에 대해 징계할 수 있다

(제74조 제1항). 그러나 변호사법원에서 절차가 개시된 경우와 의무위반이 3년 이상 경과된 경우에는 변호사회의 이사회는 변호사에 대해 징계할 수 없다. 제123조에 의한 변호사법원의 재판절차가 진행 중일 경우 징계 통보는 금지된다(제74조 제2항). 징계가 통보되기 전에 변호사의 진술을 들어야 한다(제74조 제3항). 징계가 결정되면 그 결정의 사본은 주 최고법원 검사에게 전달된다(제74조 제4항 제3문).

　　변호사회 소재지의 변호사법원은 변호사회 이사회를 징계할 권한이 있다(제74a조 제1항 제2문). 이 경우 검사는 소송에 참여하지 않으며(제74a조 제2항 제4문), 변호사 법원은 증거 채택의 종류와 범위를 정한다(제74a조 제2항 제7문). 변호사법원은 주 최고법원의 검사에게 변호사법원의 결정에 따른 청구서 사본을 즉시 전달하여야 하며, 검사도 마찬가지이다(제74a조 제4항), 검사가 변호사법원에 징계를 요청한 경우 변호사법원의 절차에 의해 법적 효력이 유효한 결정이 내려질 때까지 변호사회 이사회의 징계 절차는 중지된다(제74a조 제5항).

라. 지방변호사회의 법정단체 여부 및 입회·설립·기구조직·활동에 있어서의 자치성 정도

　　변호사회(Rechtsanwaltskammer)는 주 최고법원 단위로 설립되며 변호사회의 관할구역은 주 최고법원 관할구역으로 한다(제60조 제1항 제1문). 해당 지역 내에 법률사무소를 개설하고 있는 변호사와 변호사법인이 회원이 되며, 변호사회는 주 최고법원이 있는 장소에 소재지를 둔다(제60조 제2항). 변호사회의 설립이나 활동에는 법률과 시행령이 정하는 바에 따라 주 사법행정기관이 관여할 수 있다(제61조, 제62조 등). 변호사회는 공법인이다(제62조). 변호사회의 기관은 이사회(Vorstand), 의장단(Präsidium), 총회(Versammlung)로 구성되어 있으며(제63조 이하), 변호사회의 이사회는 변호사부(Anwaltgericht) 또는 변호사법원(Anwaltgerichtshof) 구성원에 임명할 변호사, 연방변호사회의 구성원을 추천할 권한을 갖는다(제73조 제2항 제5호).

변호사회는 변호사직과 국가를 매개하는 공적 지위에 있다. 주 사법행정기관, 주 법원(ein Gericht des Landes), 주 행정청(eine Verwaltungs-behörde des Landes)은 변호사회 이사회에 의견서를 요청할 수 있다(제73조 제2항 제8호). 주 변호사회는 주 사법행정기관의 감독을 받는다. 변호사회의 의장은 주 사법행정기관에 서면으로 변호사와 변호사회 이사회 활동에 대한 연차보고서를 제출하여야 하며(제81조 제1항), 변호사회의 의장은 의장단과 이사회의 선거 결과에 대해 주 사법행정기관과 연방 변호사회에 즉시 고지하여야 한다(제81조 제2항). 주 사법행정기관은 지역 내에서 500명 이상의 변호사 또는 법무법인의 등록이 허가된 경우 주 최고법원 지역 내에서 제2의 변호사회를 설치할 수 있다(제61조 제1항). 변호사회는 법정단체이므로 그 가입이 강제된다. 이와 달리 '변호사협회(Rechtsanwaltsverein)'는 임의단체이다. 변호사협회 역시 각 주의 변호사협회와 연방 변호사협회로 조직되어 있다. 변호사회는 주로 변호사 회원들의 직업의무, 상담 및 교육, 분쟁, 의무이행 여부의 감시, 이의제기 권리에 대한 업무 등(제73조 제2항 제1호 내지 제4호) 행정적인 업무를 관장하고, 변호사협회는 변호사들의 복지나 자발적 교육 등에 관련된 업무를 관장한다.

마. 변협의 법정단체 여부 및 입회·설립·기구조직·활동에 있어서의 자치성 정도

독일의 경우 우리의 대한변협에 해당하는 단체는 연방 변호사회이다. 연방 변호사회는 각 주 변호사회로 구성되며, 공법상 법인(제176조 제1항)으로 연방 법무부의 감독을 받는다(제176조 제2항 제1문). 연방 변호사회의 기관은 의장단(Präsidium), 주 총회(Hauptversammlung)와 세부시행규칙 총회(Satzungsversammlung)로 구성된다(제179조 이하). 연방 변호사회의 소재지는 법령에 의해 정해진다(제175조 제2항). 연방 변호사회는 행정 관청, 연방 기관 또는 연방 법원의 요구에 따른 의견서 제출, 변호사 직업교육, 법원, 관청과 그 밖의 제3자와 변호사의 전자 소통 지원에 대한 업무를 수행한다(제177조 제2항 제5호 내지 제7호). 연방 변호사회 의장은 연방 변호사회와 연방 변호사회 의장의 활동에 관해서 연방 법무부에 서면으로 연차보고서를 제출해야 한다(제185조 제4항 제1문).

바. 법무법인 등의 설립 및 조직과 활동의 자치성 정도

법무법인 등의 설립 및 조직과 활동에 관해서는 제3장 제2절의 제 59c조부터 제59m조까지 규정하고 있는데, 그 인가 조건은 변호사의 경우와 대동소이하다(제59d조). 즉 ① 법인이 변호사법 제59c조(법무법인 인가 및 참여), 제59e조(주주), 제59f조(경영)의 요건을 충족할 것, ② 법인이 재산박탈과 관련되어 있지 않을 것, ③ 직업책임보험이 체결되었거나 직업책임보험 체결에 대한 증명이 될 것이 그 요건이다. 법 제 59f조에 의해 대표자 또는 대리인이 허가의 취소 또는 철회, 소송과 관련되어 있는 경우 또는 임시 직업금지 또는 대리금지가 결정된 경우에는 법무법인 인가에 대한 결정이 중지될 수 있으나, 법 제59g조 제2항 제1문에 의한 절차에 대한 결과가 부정될 정도로 해를 가하지 않을 경우에는 법무법인 등록은 인가된다(제59g조 제2항). BRAO상 법무법인 등의 설립과 조직 및 활동에 관하여 변호사회 이외의 자가 관여하는 경우는 없다. 제3자에게 법무법인의 지분의 전가는 금지되며, 제3자는 법무법인의 이익에 관여할 수 없다(제59e조 제3항). 변호사의 직무수행과 관련하여 법무법인에 대해서도 독립성이 보장된다(제59f조 제4항). 법 제12조 제1항은 법무법인의 등록인가 절차에 동일하게 적용될 수 있다(제59g조 제3항). 법무법인의 등록인가는 법인의 해체를 통해 말소된다(제59h조 제1항). 또 법인의 등록을 부정해야할 사유가 있을 경우에도 등록인가는 취소된다. 법 제14조 제1항 제2문은 법무법인에 대해서도 동일하게 적용된다(제59h조 제2항). 법무법인에 다음 각 호의 사유가 있는 경우에는 인가가 철회된다(제59h조 제4항). ① 법무법인이 서면으로 변호사회에 등록허가에 대한 권리를 포기한 경우, ② 법무법인이 파산과 관련되어 있을 경우

　변호사의 등록허가에 대한 취소 또는 철회에 관한 법 제14조 제4항은 법무법인에 대해서도 동일하게 적용된다. 법무법인은 법무법인 소재지에 변호사 활동을 위한 사무실을 설치할 수 있으며(제59i조), 직업책임보험의 최소보험총액은 250만 유로로 정해져 있다(제59j조 제2항). 그러나 연방 법무부는 경제관계 변화에 따른 피해자를 보호하기 위해 연방 변호사회의 의견을 들은 후 연방 상원의회 동의를 받은 법령에 의해 최소보험총액을 이와 다르게 확정할 권한을 갖는다(제59j조 제3항). 법무법인에는 법무법인의 명칭을 표시하여야 한다(제59K조 제1항).

사. 정 리

　다른 나라의 경우와 비교하여 독일 변호사법의 경우 주 사법행정기관이나 연방 법무부장관의 관여 정도가 상당한 것처럼 보인다. 그러나 그 실체를 살펴보면 대체로 형식적이고 기술적인 사항들에 대해서 국가기관이나 주 정부가 절차적으로 필요한 사항에 관여하는 것에 그치고 변호사나 변호사단체 또는 법무법인 등의 실질적인 활동에 대해서까지 직접 관여하는 것은 아님을 알 수 있다. 이는 변호사법의 문언상으로도 그와 같이 이해되거니와, 현지 변호사들의 입장[27]이기도 하다.

2. 프랑스

가. 변호사의 지위

프랑스에서 변호사는 사법절차 업무에 관한 변론에 있어 독점적

---

27 2015년 독일 베를린 변호사협회를 방문하여 협회 임원들과 인터뷰를 한 내용이다.

인 지위를 가진다. 즉, 법원에서의 소송절차뿐 아니라 사법적인 또는 징계와 관련한 판단을 하는 기구에서 당사자를 변호하는 유일한 자격을 가진다(1971. 12. 31. 공포된 L71-1130 법률 제4조), 다만 법률에 그 예외로서 노동위원회, 단독재판, 상사법원의 일부 절차, 농지임대차법원 절차 등이 정해져 있다. 그리하여 변호사 자격 없이 법률상담을 하거나 서명 날인한 타인의 법률문서를 작성하는 경우 일정한 처벌을 받는다(1971. 12. 31. 법 제66-2조, 제72조). 또한 변호사의 명칭은 변호사회의 활동변호사 목록에 등록한 변호사만이 사용할 수 있다(1971. 12. 31. 법 제1조, 제4조). 반면 변호사에 대하여는 자금세탁과 테러에 대한 자금지원에 대하여 싸워 나가야할 직무상 의무가 있고 이를 위반하는 경우 변호사의 면책권이 없다는 등의 경고 규정이 있다.

나. 변호사 등록 과정에 있어서의 자치성 정도

변호사로서 업무를 수행하기 위하여는 지방변호사회[28]에 등록신청을 하여 회원명부에 등록을 해야 한다. 등록허가 요건에 관하여는 1971. 12. 31. 법 제11조가 상세하게 규정하고 있는데, 그 중 중요한 요건으로 국적(일부 EU 관련 내용 포함), 학력 등 자질(EU 회원국 국적 또는 경력 등에 따른 일부 예외 포함) 이외에 도덕성(일정 범위의 형사처벌 전력, 징계, 개인파산 등), 실무능력(신체적 쇠약, 정신병, 특정직업과의 중복활동 등 제외) 등을 들 수 있다.

등록신청은 지방변호사회 회장에게 신청서를 영수증이 요구되는 등기우편으로 보내어 신청하고(1971. 12. 31. 법 101조), 이에 대해 변호사회 이사회는 수령 2개월 이내에 등록 여부를 결정한다. 신청인은 정해진 기간 내에 등록 여부가 결정되지 않는 경우 등록신청이 기각된

---

28 지방변호사회는 1심 합의재판소마다 관할 변호사들로 구성이 되고 2011년부터 전국에 합계 161개가 있다. 각 지방변호사회는 등록 변호사들과 명예 변호사들로 구성된 변호사 총회에서 선출되는 회장과 변호사회 이사회에 의하여 운영된다.

것으로 간주하여 고등법원에 제소할 수 있다. 변호사회 이사회는 적어도 회의 8일 이전에 신청인을 불러 심사하지 않으면 기각 결정을 할 수 없다(1971. 12. 31. 법 103조).

변호사회 이사회는 등록신청을 심사하기 위해 조사보고자를 선정하고 그 선정을 신청인에게 통지하면 신청인은 원칙적으로 조사보고자로 하여금 자신의 사무실을 방문하게 하는데, 요즈음은 특별하게 필요하다고 보이는 경우를 제외하면 대부분의 경우 확인진술로 대신한다. 조사보고자는 필요해 보이는 요건들을 조사하고 확인하는데, 신청인이 전직 법관, 집행관, 공무원인 경우 그가 소속되어 있던 기관에 관련 자료들을 요구할 수 있고 요구하여야 한다. 또한 소속 변호사가 500명이 넘는 변호사회는 등록 여부를 심사하기 위하여 한 개 또는 여러 개의 소위원회(현 이사 또는 종전 이사로 구성)를 둘 수 있는데(1971. 12. 31. 법 제15조), 필요한 경우에는 소위원회가 전체 위원회로 사안을 이송할 수 있다. 위와 같은 소위원회의 구성은 고검장에게 통보가 되고 소위원회는 과반수의 참석으로만 개회될 수 있다.

신청인은 등록되기 전에 변호사회 회장이 소환하여 그가 참석한 가운데 고등법원에서 일정한 내용의 선서를 해야 한다(1971. 12. 31. 법 제3조). 고검장은 그 이전에 법률에 정해져 있는 서류들을 미리 검토해야 한다. 1897. 11. 30. 파리법원 판결에 따르면 법원은 이 단계에서 특히 고검장의 요청이 있는 경우 등록신청인이 선서를 할 수 있는 법률상 조건을 충족하였는지를 심사할 수 있다. 그러나 그러한 경우에도 법원이 등록신청자의 도덕성을 심사할 수는 없으며, 판례에 따르면 그 단계에서의 도덕성 심사는 오직 변호사회 이사회에서만 할 수 있다.

변호사회 이사회의 등록신청 결정이 있으면 8일 이내에 등기우편으로 고검장에게 이를 알려야 하고 고검장은 통지 수령 1개월 이내에 고등법원에 이의신청을 할 수 있다(1971. 12. 31. 법 102조 제2항). 고등법원은 법률상 공식 등록조건들뿐만 아니라 성실성이나 공정성 등 자질까지 심사할 수 있는데, 판례에 의하면 이러한 고검장의 이의는 집행정지의 효력은 없고 변호사회에 의해 이루어진 선서와는 무관하게 절차가 진행되는 것이다.[29] 변호사회 이사회의 등록거부결정은 8일 이내에 등기우편으로 신청인과 고검장에게 통지되어야 하고 신청인과 고검장은 그로부터 2개월 이내에 고등법원에 이의신청을 할 수 있다(1971. 12. 31. 법 102조 제3항). 이러한 이의신청은 1991. 11. 27. 공포된 데크레(1991. 11. 27. décret 91-1197)가 정하는 바에 따라 진행되는데, 고등법원의 결정에 이의가 있으면 등록신청인, 고검장, 변호사회 회장이 파기원에 상고할 수 있다.

변호사 등록이 이루어지면 등록자는 변호사로서의 권리를 가진다. 등록된 변호사는 변호사 총회의 구성원이 되고 변호사 신분증을 교부받는다. 그와는 별도로 변호사회 이사회는 매년 등록변호사, 전문분야, 등록순위 등이 기재된 등록부를 작성하여 1년에 최소 1번 공표하고 고등법원 서기과 등에 제출한다(1991. 11. 27. 데크레 제95조). 이러한 변호사회 이사회의 등록부 결정은 법률적인 결정으로 관련 법령에 따라 합의부 지방법원의 심사 대상이 되고 나아가 고등법원의 심사 대상이 될 수 있다(1991. 11. 27. 데크레 제3항).

다. 변호사 징계에서의 자치성 정도

(1) 연 혁

변호사의 징계에 관하여 1800년대에는 변호사회 회장이 주재하는 변호사회 이사회가 징계요청에 따라 결정하고 그 이의사건에 관한 권한도 변호사회 총회에 속하였으나, 그 후 관련 법령이 개정되어 변호사에 대한 징계에 사법권이 관여하게 되었는데, 한편으로 고등법원에의 이의절차를 신설하여 고등법원장과 고등검사장의 승인에 따라 최

| 29 파기원 1975. 11. 15. 민사 1재판부 판결(73-12.628).

종적으로 징계가 결정되었고 다른 한편으로 경우에 따라 법무부에 직권으로 변호사에 대한 징계를 할 수 있었다. 이러한 권한들은 1822년 및 1830년 법 개정으로 변경되었고, 변호사에 대한 징계는 변호사회 회장이 주재하는 변호사회 이사회가 징계요청을 하여 결정하고 이의 사건은 고등법원이 결정하는 방식으로 변경되었다. 그러다가 유럽인권재판소에서 조사와 결정을 한 곳에서 하는 것이 유럽인권규약에 반한다는 지적이 있어, 2004. 2. 11. 공포된 L2004－130 법률에 의하여 많은 개혁이 있었는데, 특히 징계요청기관과 징계결정기관을 분리하여 그 결과 개정된 1971년 법 제23조에 의하여 고등검사장 또는 해당 변호사 소속 변호사회 회장에 의하여 징계절차가 개시하게 되었다.

(2) 징계 절차

㈎ 변호사 회장의 예비 조사

징계절차에 앞서 변호사 직무위반에 대한 예비조사[30]가 이루어질 수 있는데 이는 변호사회 회장이 자신 스스로 개시하거나 고등검사장 또는 이해관계자의 요청에 따라 개시된다. 일정 규모 이상의 변호사회 회장은 예비조사를 진행할 변호사회 이사회 위원 또는 전직 위원을 지명할 수 있다.[31] 조사 결과 별다른 근거가 없다고 판단하는 경우 고등검사장 또는 경우에 따라 이해관계자에게 그 결과를 통지한다. 조사과정에서 변호사회 회장은 보고서를 작성하고 징계요구를 할 것인지를 결정하는데, 고등검사장이 조사를 요청한 경우에는 고등검사장에게 보고서를 제공하지만 이해관계자에게 제공할 의무는 없다. 예비조사절차는 징계절차의 일부에 해당하지 아니하므로 서로 반박하는 대심적인

---

30 법률적으로는 변호사에 대한 직무위반 조사와 징계 조사는 별개의 절차이고 직위위반 조사는 징계절차의 일부가 아니다.

31 2012. 10. 17. 파기원 판결에서는 변호사회 회장의 대리인이 조사대상자의 동의 없이 그가 없는 상태에서 법무법인의 서류들을 직원들의 확인서를 받은 것이 적법한 직무활동이라고 판결한 바 있다.

성격이 아니고 관련자들을 조사할 수 있으나 진술조서를 작성할 의무가 있지는 않다.

  (나) 징계의 요구

  변호사회 회장 또는 고등검사장이 변호사회 규율위원회에 징계요청사유를 달아 징계를 요구할 수 있다. 2004년 개혁 이전에는 규율위원회가 직권으로 징계절차를 개시할 수 있었는데 법률개정으로 변경되었다. 한편 고등검사장도 직접 규율위원회에 징계를 요청하거나 변호사회 회장을 통하여 징계를 요청할 수 있을 뿐이다. 징계요구는 이유가 기재된 징계요구서의 제출에 의하고(1991. 11. 27. 데크레 188조) 이는 징계대상 변호사에게 통지된다. 프랑스 변호사회의 자료에 의하면 징계개시 사건 수는 2013년 155건(파리 75건), 2014년 154건(파리 90건)이다.

  변호사회 회장이 징계를 요구하려는 경우 사전에 고등검사장에게 통지하여야 하고, 반대로 고등검사장이 징계를 요구하려는 경우 변호사회 회장에게 통지하여야 한다(1991. 11. 27. 데크레 제188조). 고등검사장이 사전에 이를 통지하지 않는 경우 변호사회의 관여를 박탈하기 때문에 그러한 징계요구는 무효이다(파기원 2011. 2. 17. 민사제1재판부 등 판결). 또한 고등검사장이 소속 변호사의 직무위반에 관한 형사적 위법행위를 변호사회 회장에게 고지한다 해도 변호사회 회장이 반드시 규율위원회에 징계절차의 개시를 요구하여야 하는 것은 아니다.

  그러나 변호사회 회장의 징계절차 미요구 결정은 비록 이해관계인인 고객이 변호사의 의무위반을 주장한다 하더라도 고소인 쪽에서 불복할 수 없다(2010. 5. 27. 파리법원 판결). 징계는 직업적 공동체라는 공익적인 이해관계 때문에 징계절차를 여는 것이므로 변호사회 이사회나 고등법원 절차에서 제3자가 개입할 수 없으며 고소인을 위한 것이 아니기 때문이다.

⑷ 징계대상자의 직무정지

변호사회 이사회(규율위원회가 아님)는 고등검사장 또는 변호사회 회장의 요청에 따라 소속 변호사에 대하여 형사소추 또는 징계요구가 있는 경우 해당 변호사에 대한 신문절차를 거쳐 긴급한 필요나 공중에 대한 보호 필요성이 있다고 판단하는 경우, 징계절차의 단계와 무관하게 4개월 한도 내에서 직무정지결정을 내릴 수 있고 연장이 가능하다 (1971. 12. 31. 데크레 24조). 이러한 직무정지의 심사에 참여한 변호사회 위원들은 징계절차를 담당하는 규율위원회에 참여할 수 없다.

⑷ 징계 심리절차

① **규율위원회**(Conseil de discipline)

변호사 징계에 관한 업무는 각 고등법원을 단위로 하여 각 지방변호사회 이사회(Conseil d l'ordre)가 최소 1명 이상 선출한 최소 5명의 변호사들로 구성된 규율위원회가 우선 조사 및 심사 등 역할을 담당한다(1971. 12. 31. 공표 L71-1130 법률 제22조, 제22-1조 등). 다만, 파리지방법원의 경우 지방변호사회 이사회가 규율위원회의 업무를 담당하는 데 따라서 파리 고등법원 관내의 나머지 지방변호사회들만으로 별도의 규율위원회를 구성한다. 즉, 징계절차 관할은 파리 변호사회를 제외하면 징계대상 변호사의 관할 변호사회가 속한 규율위원회[32]에 있다. 규율위원회의 구성과 위원장 선임 결과는 8일 이내에 고등검사장에게 통지가 되고 그 내용은 법원의 재판대상이 될 수도 있다. 규율위원회의 독립성과 공평성을 위해 평소 변호사 직무위반 사항을 관장하는 변호사회 회장 또는 그 대리인은 규율위원회의 위원이 될 수 없다. 한편 규율위원회는 소위원회의 구성, 비용 등 재정사항 등에 관하여

---

32 2000년도의 프랑스 변호사회의 제안에 따라 지방변호사회 회장 협의회와의 논의를 거쳐 2004. 12. 2. 법에 의한 1971. 12. 31. 법 개정으로 고등법원 단위로 변호사 규율위원회가 설치되었는데, 그 구성은 소속 지방변호사회의 이사회 대표로 이루어지고 한 지방변호사회 대표는 과반수를 점할 수 없다.

내규는 정할 수 있는데 그 유효성에 관하여 법원의 재판대상이 되는지는 아직 불분명하다.

② 조사보고절차

징계대상 변호사에게 징계요구 사실이 통지된 15일 이내에 규율위원회는 그 위원 중 1명 또는 수명을 조사보고자로 선정하여 조사를 하게 한다. 이 단계에서 규율위원회는 조사보고자를 선정할 뿐 선입관을 가지지 않기 위하여 징계요구사유를 심사하지는 않는다. 조사보고자는 4개월 동안 사안을 조사하여 보고서를 제출하며, 조사기간은 2개월 연장될 수 있다(1991. 11. 27. 데크레 제189조). 조사보고자는 규율위원회의 결정에 전혀 관여할 수 없고(파기원 1999. 10. 5. 민사 제1재판부 판결) 오히려 조사보고자를 임명한 규율위원회의 위원들이 조사보고자와 특별한 관계가 있는지를 살펴보아야 한다. 조사보고자는 임명 시뿐 아니라 조사보고서 제출 시에도 규율위원회의 위원 자격을 가져야 한다(2014. 2. 25. 앙제르 고등법원 판결). 규율위원회가 조사보고자를 임명하지 않거나 징계대상자에 대한 통지 15일 이내에 임명하지 않는 경우, 변호사회 회장이나 고등검사장의 요청에 따라 고등법원장이 규율위원회 위원 중 1명을 조사보고자로 임명한다. 징계대상자는 고등법원에 조사보고자에 대한 기피신청을 할 수 있고 기피결정이 되면 규율위원회는 다른 조사보고자로 교체하여야 한다.

조사보고자는 조사에 필요한 모든 사람을 신문[33]할 수 있으나 대심적인 방법으로 진행해야 하며(1971. 12. 31. 법 제23조 제3항) 징계대상 변호사도 조사해 달라고 요청할 수 있다. 또한 신문이 이루어지는 경우 서명된 조서가 작성되어야 하는데, 어떤 조사방법을 선택할 것인지는 조사보고자의 재량에 맡겨져 있다. 조사는 객관적이고 공정하게 진행되어야 하는데, 사안 전체를 알고 결정할 수 있을 모든 책임 또는

| 33 간단한 사건은 신문절차를 반드시 거쳐야 하는 것은 아니다.

책임면제 요소를 조사하여 보고서를 제출해야 한다(파기원 2009. 4. 2. 민사 1재판부 판결 등). 조사보고자는 규율위원회의 징계심리과정이나 고등법원의 심리과정에 참여할 수 없는데 파기원은 유럽인권규약을 감안하여 조사보고자의 심리 관여가 징계대상 변호사의 방어권을 침해할 수 있어 변론 진행에 연향을 줄 수 있다는 이유로 고등법원 판결을 파기한 바 있다(조사기관과 결정기관의 분리, 파기원 2009. 9. 24. 민사 제1재판부 판결). 조사보고서는 규율위원회의 위원장(파리의 경우 변호사회 이사회 규율교육 총장)에게 제출되어야 하고 사본은 징계를 요구한 변호사회 회장 또는 고등검사장에게 송부해야 한다. 조서방식의 서류 미작성 등 보고서의 흠결이 있는 채로 징계심리절차가 진행되면 징계결정은 무효이다(2013. 2. 27. 선고 버장송 법원 판결).

③ 방어권 및 변론주의 존중

징계절차는 민사소송 절차에 의한다(1991. 11. 27. 데크레 제277조). 특히 위 데크레에서 규정하고 있지 않는 사항에 관하여는 민사소송절차가 준용되고(파기원 2015. 7. 1. 제1재판부 판결), 형사절차는 징계절차에 적용될 수 없으며 징계대상자의 방어권은 형사절차법에서 나오는 것은 아니다.

징계대상자는 징계대상 사건의 조사과정에서 작성된 서류, 징계요구서, 증인신문조서뿐 아니라 과거 징계사건에서의 자료들을 열람, 복사할 수 있다(1991. 11. 27. 데크레 제190조).

징계심리절차는 1990. 12. 31. 법 이전에 비공개이었으나 몇 개 법원에서 그것이 유럽인권규약 제6조에 위반된다고 판결한 바 있고 현재는 징계심리절차가 공개되며 다만 법률에 의해 보도되는 비밀이 침해될 가능성이 있는 경우에만 변호사회 이사회가 재량으로 비공개를 결정할 수 있다. 사전 조사에서 징계대상자가 발언하였더라도 다시 변론할 수 있게 하여야 한다(1992. 5. 25. 민사 제1재판부 판결). 징계대상자는 변론과정에서 가장 나중에 발언할 권리를 가지고 있다(1991. 11. 27. 데크레 제277조). 또한 변호사회 회장이나 그 대리인이 제출한 종합준비서면이 제출되었는지, 그것이 징계대상자가 답변할 수 있는 적절한 시간을 두고 송달되었는지를 살펴야 한다(파기원 2010. 1. 14. 민사 제1재판부 판결). 법률이 강제하는 것을 제외하고는 변호사회는 징계대상자를 보호하기 위한 내부규정을 제정하여 적용할 수 있다(1987. 5. 26. 파리지방법원 명령).

④ 구체적 심리절차

심리절차는 대체로 규율위원실에서 진행되고 공개되는데, 징계심리절차에서 변론할 것인지, 속행할 것인지, 비공개로 할 것인지 등을 결정한다. 징계대상자는 규율위원회에 변호사 가운을 입고 출석해야 하고, 다만 파리 고등법원에서는 입고 오지 말 것을 요청하고 있다. 심리는 규율위원회 위원장(경우에 따라 위원도)이 징계대상 변호사를 신문하고 징계대상자는 이에 답변하는 방식으로 진행된다. 우선 징계대상자의 신분관계, 가족관계, 업무 및 경제상황 등을 신문하는데, 경우에 따라 증인신문을 하거나 고소인, 관련자 등의 신문이 있을 수 있다. 그 후 변호사회 회장 또는 대리인, 고등검사장에게 진술권을 준다(고등검사장이 징계요청자인 경우 변호사회 회장과 고등검사장 모두에게 진술권을 준다). 그 후에 징계대상자에게 최후 진술권을 부여하고 심리는 종결되고 결정일이 고지된다. 심리절차는 조서로 정리되나 절차의 적법성을 담보할 정도이면 된다(1982. 10. 12. 깡 법원 판결).

⑤ 징계결정

징계 여부 및 양정은 규율위원회의 출석 과반수 결정에 의해 정해진다(민사소송법 제449조). 징계결정문은 징계대상자의 징계사유를 명확하게 지적하고 징계이유를 설명해야 한다. 인용결정[34]이든 기각결정이

| 34 징계의 종류는 경고, 비난, 3년 이내의 자격정지, 등록말소가 있다(1991. 11.

든 징계대상자 이외에도 고등검사장과 변호사회 회장에게 통지되고(고등검사장이 징계요구한 경우에도 변호사회 회장에게 통지된다), 2005년 데크레 개정으로 고소인 등 이해관계인에게 기판력이 미치는 경우 주문 내용을 고소인 등 이해관계인에게 통지한다.

㈆ 불복방법 — 항소 및 상고

　과거의 불복방법인 규율위원회 결정에 대한 이의신청(opposition[35]) 제도는 1974년에 폐지되고 징계가 인용된 징계대상 변호사는 불복방법으로 항소(appel)를 해야 한다(1972. 6. 9. 공포 데크레 72-468 제118조). 항소권자는 징계대상 변호사, 변호사회 회장 또는 고등검사장이고 고소인 등 다른 사람은 항소할 수 없다(2004년 개정된 1971. 12. 31. 법률 제23조). 통상 징계결정의 경우 항소권자는 징계대상자이고 가벼운 징계결정과 기각결정의 경우 징계요구자인 고등검사장이 될 것인데, 변호사회 회장은 징계요구를 하지 않은 경우 항소권이 없다. 그러나 그런 경우에도 변호사회 회장은 항소심에서 당사자로서 변론할 수는 없지만 구두 설명을 할 수 있고(1991. 11. 27. 데크레 제16조 제4항), 항소심 심리절차 전부에 참석할 수 있다(1979. 12 18. 렌 지방법원 판결). 규율위원회는 징계절차를 1심으로 진행하지만, 항소심 절차에서 당사자가 될 수 없고 항소권한도 없으며 항소심, 상고심에 관여할 권한이 없다(파기원 2003. 2. 18. 민사 제1재판부 판결 등). 고등검사장이나 변호사회 회장이 항소하지 않고 징계대상자만 항소한 경우에는 불이익변경금지 원칙이 적용된다.

　항소심 심리 및 판결에 관하여 보면, 규율위원회에서의 1심과 거의 동일한 방식으로 사생활 등의 경우를 제외하면 공개되며 징계대상

---

　27. 데크레 제184조).

35 현재 이의제도는 고등법원에서 징계대상 변호사가 궐석인 상태에서 이루어진 결정(arrêt)에 대하여 징계대상자가 적법한 송달을 받지 않은 채 이루어졌다는 이유로 불복하는 방법으로 남아 있을 뿐이다.

자는 가장 나중에 최후변론을 한다. 항소심에서는 징계요구자가 규율 위원회에서 주장한 내용을 넘어 새로운 주장을 할 수 없는데 실무적으로는 새로운 주장의 범위가 문제되고 있다. 항소심 판결 선고 및 판결문은 징계대상자, 고등검사장, 변호사회 회장에게 송달된다.

　　항소심 판결에 불복하는 경우 상고할 수 있는데, 상고권자는 항소권자와 거의 동일하고, 일정한 법률위반의 경우에만 상고사유가 된다.

라. 지방변호사회의 법정단체 여부 및 입회·설립·기구조직· 활동에 있어서의 자치성 정도

　　프랑스에는 등록된 변호사들이 지방합의부법원 관할에 지방변호사회(barreau)를 구성할 수 있고, 지방변호사회는 위에서 본 1971. 12. 31. 공포 L70-1130 법과 1991. 11. 27. 공포 91-1197 데크레 등에 의하여 구성, 조직, 활동 등이 규율되고 있어 법정단체이고 민사 법인격이 있으며[1971. 12. 31. 법 제21조, 2015. 1. 22. 국사원(Conseil d'État) 의견], 변호사회 회장(bâtonnier)에 의하여 대표된다. 특별등록이 된 명예회원들을 포함한 개념인 l'ordre d'avocat(지방변호사단체)라는 표현을 쓰기도 한다.

　　또한 같은 고등법원 관할 하의 등록 변호사들은 1개의 지방변호사회를 구성할 수도 있어(1991. 11. 27. 데크레 제3조) 지방합의부 법원마다 지방변호사회가 있는 것은 아니고 현재 161개 지방변호사회가 구성되어 있다. 지방변호사회가 법에 예정되어 있기 때문에 다른 변호사단체의 적법성은 인정되지 않으며 변호사들은 1개의 지방변호사회 가입이 의무적이다. 이는 미가입의 자유라는 결사의 자유와 관계되지만, 유럽인권재판소는 전문가단체란 공중의 일반이익을 목적으로 하는 법적 기관이기 때문에 강제가입이 결사의 자유에 반하는 것은 아니라고 판단하였고(1981. 6. 23. 결정), 국사원에서도 이를 확인한 바 있다(2006. 10. 12. 결정). 그래서 변호사회는 법원 내에 회장실, 서기국, 변호사회

위원회실뿐만 아니라 일반 변호사들의 이용에 제공되는 의류 등 보관
소, 도서관, 무료변론 또는 당사자 접견을 위한 공간 등을 가질 수 있
다. 다만 변호사회 규모가 커짐에 따라 법원 외부에 추가 공간을 마련
하기도 한다.

　각 지방변호사회는 위 1971. 12. 31. 법과 1991. 11. 27. 데크레
규정 내에서 자율권을 갖는다. 내부규정을 제정할 수 있는데 변호사
직무책임과 관련한 내규는 상위규범인 2005. 7. 12. 데크레와 프랑스
(전국) 변호사회(Conseil national des barreaux)의 전국 내부규정(règlement
intéreur national, RIN)을 지켜야 하고, 프랑스 변호사회의 결정을 준수
해야 할 의무에 의해 효력이 제한된다. 프랑스 변호사회가 전국 규모
의 변호사회로 그 직역을 대표하는 권한을 가지고 있지만, 각 지방변
호사회는 해당 지역에서 직역과 관련한 문제들을 처리하는 중복적인
권한이 있으므로 결국 그 범위에서는 권한의 충돌이 있는 셈이다.

　관련법에서 정하는 지방변호사회의 기구는 변호사 총회(l'assemblé
générale), 변호사회 이사회(le conseil de l'ordre), 변호사회 회장(le bâtonneir),
부회장(le vice–bâtonneir)이 있는데, 총회는 선거권을 가진 등록된 변
호사와 명예회원으로 구성되고 회장과 변호사회 이사회를 선출한다.
그 외의 다른 결정권한은 없고 변호사회 이사회 또는 이사들이 제기한
문제들을 검토하며, 의견을 제시하여 이사회가 결정하게 할 수 있다.
지방변호사회는 변호사회 회장이 주재하는 변호사회 이사회에 의하여
운영되고, 이사회는 회원 변호사들의 선출에 의하여 구성되며(1991. 11.
27. 데크레 제5항) 선거에 관한 이의는 고등법원의 심판대상이다. 변호
사회 회장은 변호사회 이사회에 속하거나 그 구성원이 아니고 회의 주
재만 하고, 변호사회 이사회에 문제들을 제출하며 변호사회 이사회의
결정사항을 집행하고 대외적으로 변호사회를 대표하여 변호사회가 주
최하는 모든 행사를 주재하고 법원과 프랑스 변호사회와 협의한다. 그

외에 변호사회 사무와 관련한 인력, 재정, 홍보 등 업무를 지휘하며, 변호사 징계에 관하여 징계요구권이 있다. 부회장은 변호사회 이사회 구성원으로 총회에서 선출되며 회장이 궐위 시 또는 장기 부재 시에 회장 권한의 전체 또는 일부를 대행할 수 있다(1991. 11. 27. 데크레 제6조).

　변호사회 이사회는 회원과 직역에 관한 모든 문제들을 처리하는데(1971. 12. 31. 법 제17조), 중요 업무들은 다음과 같다. 그러나 기본적으로 변호사회 이사회의 구체적인 활동과 심리방식 등에 관하여는 법령에 다른 규정이 없다.

- 내부규정 제정, 수정권 : 국내 관련 법령, 프랑스 변호사회 내부규정에 반해서는 안 된다. 내부규정의 제청, 수정 내용은 고등법원 법원장, 지방합의부 법원장에게 통지해야 한다.
- 변호사의 등록, 제2사무실 개설 관련 사항
- 변호사들의 직무책임과 관련하여 변론활동, 변호사의 품위 및 이익관계, 변호사 권한의 행사에 관련한 모든 문제 등의 검토
- 변호사들의 권익과 직역의 보호활동
- 변호사 권리와 의무, 사법제도 및 인권 관련 법령에 관한 의견 발표
- 변호사들에 대한 구호, 재정지원 등 공제사업
- 변호사 활동을 보호하기 위한 일반적 연구부서의 설립
- 변호사 활동 보험과 관련한 확인 등 회계업무
- 프랑스 변호사회 결정의 집행
- 변호사 연수제도 운영
- EU 회원국 당국과 EU 관련 지침의 적용에 관한 협업
- 변호사들의 자금세탁과 테러방지를 위한 재무적 노력 통제
- 변호사들 사이에 체결된 동업계약서 및 근로계약서의 적법성 검토

이러한 변호사회 이사회의 결정이 관련 법령에 위반되는 경우, 고
등검사장의 신청에 따라 고등법원에서 그 결정이 취소될 수 있으며,
관련 변호사의 이익을 해칠 수 있는 경우에는 당해 변호사의 신청에
따라 행정법원이 아닌 일반 민사사건으로 고등법원의 판단 대상이 된
다(1971. 12. 31. 법 제19조, 20조, 1991. 11. 27. 데크레 제15조).

마. 변협의 법정단체 여부 및 입회·설립·기구조직·활동에 있어서의 자치성 정도

프랑스 (전국 규모) 변호사회는 변호사회에 관한 1971. 12. 31. 법
의 개정 법률인 1990. 12. 31. 법에 의하여 탄생되었다. 그 이전에는
전통적으로 파리지방변호사회가 전국적인 차원에서 주도적인 역할을
하였으나 리옹, 보드로, 똘르즈 등 지방법원에서 파리지방법원의 입장
과 다른 견해를 갖는 경우도 있어 지방변호사회들의 협의회(conférence)
등이 개최되다가, 그 영향력과 협력 수준이 충분하지 않다고 보이자
프랑스 변호사회를 설립하게 되었다. 결국 프랑스 변호사회는 자발적
인 집합체를 구성하기 위한 것보다는 전국적인 대표성을 가지고 보다
효과적인 대응을 하기 위한 조직으로 탄생되었다. 따라서 프랑스 변호
사회는 진정한 변호사단체라고 보기에는 어려워 자체의 변호사 등록
제도가 없고 징계권한도 없으며 다만 전국적인 차원에서 변호사들을
공권력 등에 대하여 대표하는 기관인 셈이다. 그런 이유로 프랑스 변
호사회는 전국적인 차원에서 필요한 행동만을 하여 왔고 그 결과 변호
사 직역의 제도적인 소통을 담당하고 변호사들의 통신망 역할을 하여
전자적인 업무의 장을 마련하기도 하였다.

1990. 12. 31. 개정법 제35조는 프랑스 변호사회에 법인격이 있으
며 변호사 직역을 대표한다고 규정하고 있어 프랑스 변호사회는 법정
단체에 해당되고 특히 공권력에 대하여 대표성이 있으며 공익적인 역
할을 한다. 또한 지방변호사회의 내부규정과 관행을 통일하여 전국 내

부규정(règlement intéreur national, RIN)을 마련하였다.

프랑스 변호사회는 지방변호사회 회장들 및 변호사회 이사회(le conseil de l'ordre) 구성원들의 협회 모임(collège ordinal)에서 선출한 40 명의 변호사들과 등록변호사들도 구성된 일반 모임(collège général)에서 선출된 40명의 변호사 등 80명의 변호사들로 구성된다[36](1971. 12. 31. 법 제21-1조). 또한 위 법의 2009. 3. 12. 개정으로 지방변호사 회장들의 협의회(la conférence des bâtonniers[37])의 회장과 파리지방변호사회 회장이 그 당연 구성원으로 편입되었다. 프랑스 변호사회 구성원의 선출결과에 대하여는 모든 변호사 또는 고등검사장이 파리고등법원에 문제를 삼을 수 있다.

프랑스 변호사회는 자체 선거로써 회장 1명, 부회장 2명, 서기장 1명, 회계책임자 1명과 4명을 선출하여 사무국을 구성한다(1991. 11. 27. 데크레 제34조). 프랑스 변호사회 구성원 변호사들과 고등검사장이 위 선거결과에 대하여 파리고등법원에 이의를 제기할 수 있다. 2009. 12. 11. 법 개정에 따라 지방변호사 회장 협의회의 회장과 파리지방변호사 회장은 법률상으로 2명의 부회장이 되었다. 프랑스 변호사회 구성원은 보수가 없으며 프랑스 변호사회 내부규정에 의하면 회장과 사무국, 위원회들의 회장들은 정해진 금액 이하의 실비 등 보상만을 받을 수 있다. 실무적으로 프랑스 변호사회 전체 회의는 여름 휴가철을 제외하고 1달에 1번 개최되는데, 프랑스 변호사회의 임무 수행을 위하여 내부 규정에 따라 위원회들을 두고 있고, 현재는 변호사 연수위원회, 규정과 관행위원회, 유럽 및 국제위원회, 법제위원회, 기획위원회,

---

36 각각의 모임(collège)에는 파리 구역과 파리 이외의 구역 2개의 구역으로 나누어 설립하였다.
37 법률적인 의미의 기구는 아니나 지역변호사회 회장들로 구성되고 선출된 25 명이 업무를 담당하는데, 특히 변호사 제도의 개혁과 관련한 문제들에 관하여 프랑스 변호사회와 조율하고 있다.

인권위원회, 법과 정의에의 접근위원회, 외국변호사위원회, 변호사의 지위위원회 등 9개가 있으며 특별위원회가 구성될 수 있다.

　프랑스 변호사회의 주요한 역할을 보면, 첫째로 변호사 직역을 대표하고 특히 공권력에 대하여 대표하므로(1971. 12. 31. 법 제21－1조) 공권력에 대하여 주된 중개 역할을 한다. 다만 지방변호사회들보다 늦게 설립되었기 때문에 지방변호사회, 특히 파리지방변호사회도 어떤 방법으로든 소속 변호사들을 대표한다고 인식되어 왔고, 변호사 노조와 변호사 관련 기구들도 직접적으로 공권력에 접근할 수 있다. 둘째로, 프랑스 변호사회는 변호사 직역과 활동에 관련되는 법제의 개선 등을 위하여 노력하고, 법률과 법률제도에 관한 모든 문제들에 관여한다. 또한 외국 및 국제기구에 대하여 직역의 대표자로 역할을 하고 변호사 활동에 직접적으로 관계되는 국제 규범의 채택과 개선을 위해 노력한다. 셋째로, 1971. 12. 31. 법에 따라 프랑스 변호사회는 당시 181개의 지방변호사회의 내부규정을 조율하다가 프랑스 변호사들에 적용되는 통일된 내부규정을 제정하였다. 그 내부규정은 법령에 의해 제정된 것이므로 모든 변호사들에 대하여 직접적으로 적용되고 각 지방변호사회의 내부규정보다 상위의 규범이다. 넷째로, 1971. 12. 31. 법 제21－1조에 따라 프랑스 변호사회는 변호사 연수조직에 관한 원칙들을 세우고 연수 프로그램들을 조율하는 역할을 하여, 변호사 연수를 담당하는 지역 연수센터의 연수내용을 통제하고 1971년 법 14－1조(국가의 변호사 연수에 관한 재정지원 참여)를 통해 재정적인 차원에서 권한을 행사하는데, 프랑스 변호사회 전체회의에서 연수조직들의 통합에 적용될 지역 연수센터의 본점과 권한을 제안하기도 하였다. 마지막으로, 프랑스 변호사회는 1991. 11. 27. 데크레 제99조, 100조에 근거하여 프랑스 161개 중 하나의 지방변호사회에 등록을 원하는 EU 또는 EU 외 외국인 변호사에 대한 자격심사를 담당한다. 상호주의에 입각하여 리스트가 승인되는데, 개별적으로 프랑스 법률과 변호사 직무책임과 관련한 시험이 부과될 수 있다. 거절결정에 대하여는 파리고등법원에 제소할 수 있다.

바. 법무법인 등의 설립 및 조직과 활동의 자치성 정도

프랑스 변호사들의 조직에는 법인격이 없는 방식으로 동업(association) 방식과 변호사들 참여회사(société en participation d'avocats, SEP) 방식이 있는데, 이곳에서는 법인격을 갖춘 방식만을 보기로 한다.

우선 변호사 민사회사(société civile professionelle)는 사무실, 비품, 직원, 고객 등을 단일하게 구성하여야 하고, 구성원의 수는 제한이 없으나 변호사 수는 최소한 5명이어야 하며 개인 이름으로 활동할 수 없다. 그 법인 설립은 우선 구성원들이 정관을 마련하는데 정관에는 1966. 11.29. 공포 L66-879 법률과 1992. 7. 20. 공포 92-680 데크레에서 요구하는 요건들이 포함되어야 한다. 그리고 구성원들은 소속 변호사회 회장에게 등록신청을 하는데, 변호사회 회장은 정관을 포함한 등록신청서를 변호사회 이사회에 회부하여 변호사회 이사회가 1개월 이내에 정관이 관련 법령에 부합하는지만을 심사하여 등록허가 여부를 결정한다. 변호사회 이사회에 의하여 등록이 거부되는 경우 고등법원에 이의할 수 있는데(1991. 11. 27. 데크레 16조), 등록거부 결정에 관한 이의사실은 변호사회 회장과 고등검사장에게 통지되며, 고등검사장은 변호사회 이사회의 등록결정 및 등록거절 모두에 대하여 고등법원에 이의할 수 있다(1992. 7. 20. 데크레 14조). 한편 법인 설립신청은 정관 서명이 이루어지면 늦어도 그 후 1개월 이내에 이루어져야 한다. 그 후 법인설립은 소재지에서 법률에 따라 공고자격이 있는 신문에 설립취지가 공고되어야 하나, 변호사회에의 등록을 조건으로 설립되는 것이다. 한편 정관 2부와 법인의 대표자 선정서(정관에 기재되지 않는 경우에만)와 변호사회의 등록허가서 사본이 상사법원의 서기에 회사등록번호 요청 시에 제출되어야 하고, 상사법원의 서기는 법인등록을 허가

한 변호사회 회장에게 법인등록을 통지한다. 구성원 총회는 적어도 1
년에 한번 개최되는데, 작성된 회의록은 변호사회 회장의 서명에 의해
완결된다(1992. 7. 20. 92-680 데크레 제18조). 법인은 관할 변호사회의
규율에 따르고 구성원들은 징계를 받을 수 있으나 법인은 독립하여서
는 징계 대상이 되지 않는다. 한편 직무정지결정을 받은 구성원은 개
별적으로 직무활동을 할 수 없다.

　　다음으로 자유활동 회사(société d'exercice libéral)는 유한책임회사
(société à responsabilité limitée), 주식회사(société anonyme), 단순주식회
사(société par actions simplifiées), 주식합자회사(société en commandite
par actions) 형태로 구성되는데, 회사의 형태에 따라 구성원의 수, 자본
금, 주식 형태, 주주의 권한, 기관, 회계, 구성원의 해임과 사임, 구성
원의 책임 등이 달라진다. 자유활동 회사의 설립과 일반적인 활동은
변호사 민사회사와 유사한데 자유활동 회사도 회사 본점 관할의 변호
사회에 등록되는 것을 조건으로 설립된다(1993. 3. 25. 93-492 데크레 제
3항). 등록방법은 위 데크레 제2조 내지 제9조에 규정되어 있는데, 등
록신청서는 변호사회 회장에게 정관 등을 첨부하여 제출한다. 변호사
회 회장은 이를 변호사회 이사회에 회부하는데 변호사회 이사회는 45
일 이내에 정관이 관련 법령에 부합하는지를 심사하여 등록허가 여부
를 결정한다(1993. 3. 25. 데크레 제2항). 등록거절과 등록 불허결정, 법인
설립 공고와 상사법원 서기에게의 회사등록번호 요청절차는 변호사
민사회사와 대체로 동일하다. 자유활동 회사의 회장, 대표이사, 감사위
원회 위원장 등 상법상의 기관은 모두 구성원의 자격을 가져야 한다
(1990. 12. 31. 공포 L90-1258 법률 제12조). 자유활동 회사의 변호사 개인
과 자유활동 회사 모두 징계의 대상이 될 수 있으나, 회사와 구성원
간의 소송은 일반 민사법원에 관할이 있다. 그 외의 회사의 조직과 활
동은 각 회사의 형태에 따라 별개의 규정들이 있고 그 규정 하에서 각

회사는 자율적으로 활동한다.

3. 일 본

가. 변호사의 지위

일본 변호사법 제1조는 변호사의 기본적 사명을 기본적 인권 옹호
와 사회정의를 실현하는 것으로 규정하면서 변호사는 이러한 사명에
기하여 성실하게 직무를 행하고 사회질서의 유지와 법률제도의 개선
에 노력하여야 한다고 규정하고 있다. 대체로 우리 변호사법이 변호사
에 관하여 규정하고 있는 내용과 유사하며, 일본 변호사의 지위도 대
한민국에서 변호사에게 부여하는 지위와 대동소이하다고 할 수 있다.

일본은 변호사의 자격을 취득하는 방법을 세 가지로 규정하고 있
다. 가장 일반적인 경우는 법학전문대학원을 졸업하거나 예비시험에
합격한 후 사법시험을 통과하여 우리의 사법연수원에 해당하는 사법
연수소(司法研修所)에서 1년간 연수를 받아 변호사의 자격을 취득하는
경우이다(제4조). 그러나 이외에도 예외적으로 우리의 법무부장관에 해
당하는 법무대신(法務大臣)이 자격을 인정하여 변호사의 자격을 취득하
는 경우를 제5조에서 규정하고 있다. 구체적으로 다음과 같은 경우이다.

① 사법연수생이 될 자격을 취득한 후 간이재판소 판사, 검찰관, 법원조
사관, 법원사무관·법무사무관, 사법연수소·법원직원종합연수소·법무성 설치
법(1999년 법률 제93호) 제4조 제1항 제35호 또는 제37호의 사무를 주관하는
기관으로 법무부령[정령(政令)]으로 정하는 교관, 중의원(衆議院)·참의원(参議
院) 의원, 또는 법제국 참사, 내각 법제국 참사관, 또는 학교교육법(1946년 법
률 제26호)에 따라 법률학을 연구하는 대학원이 있는 대학의 법률학을 연구하
는 학부·전공과·대학원에서 법학교수 또는 부교수의 직에 재임한 기간이 통
산하여 5년 이상이 되는 경우

② 사법연수생이 될 자격을 얻은 후 자신의 법률에 관한 전문적인 지식

을 바탕으로 다음에 열거하는 사무 중 하나를 처리하는 직무에 종사한 기간이 통산 7년 이상이 되는 경우

 ㉮ 기업 기타 사업자(국가 및 지방자치단체를 제외한다)의 임원, 대리인 또는 사용인 기타의 종업원으로 당해 사업자의 사업과 관련되어 행하는 다음에 열거하는 사무를 행하는 경우(제72조의 규정에 위반하지 않고 행하는 것에 한한다)

  ㉠ 계약서 초안 기타 사업 활동에 있어서 당해 사업자의 권리 의무에 관하여 법적 검토 결과에 따라 작성할 필요가 있는 서면의 작성

  ㉡ 재판 절차 등(재판 절차 및 법무성령에서 정하는 이와 유사한 절차)에 대한 사실관계의 확인 또는 증거의 수집

  ㉢ 재판 절차 등에서 제출하는 소장, 신청서, 답변서, 준비서면 기타 당해 사업자의 주장을 기재한 서면의 내용 작성

  ㉣ 재판 절차 등의 기일에서 주장이나 의견의 진술 또는 신문

  ㉤ 민사 분쟁의 해결을 위한 화해의 교섭 또는 그에 필요한 사실관계의 확인이나 증거의 수집

 ㉯ 공무원으로서 행할 국가 또는 지방자치단체의 사무로서 다음에 열거하는 것

  ㉠ 법령(조례 포함)의 수립, 조약 기타 국제 협정의 체결에 관한 사무 또는 조례의 제정이나 개폐에 관한 의안의 심사 또는 심의

  ㉡ 위 ㉮의 ㉡부터 ㉤까지 열거한 사무

  ㉢ 법무성령으로 정하는 심판, 그밖에 재판과 유사한 절차에서 심리 또는 심결·결정 기타의 판단에 관련된 사무에 있어서 법무성령으로 정하는 자가 행할 것

 ③ 검찰청법(1946년 법률 제61호) 제18조 제3항에 규정하는 시험을 거친 후 검찰관[부검사(副檢事)[38]를 제외한다]의 직에 재직한 기간이 통산 5년 이상

| 38 우리의 검사직무대리(검찰청법 제32조 참조)에 해당한다.

인 경우

④ 위 ①부터 ③까지 열거한 것 이외에 다음 ㉮ 또는 ㉯에 열거한 기간
(이 기간 중 ①에 규정하는 직에 재임한 기간 및 ②에 규정하는 직무에 종사한
기간에 대해서는 사법연수생이 되는 자격을 취득한 후에 재임(종사)한 것에 한
하고, ③에 규정하는 직에 재임한 기간은 검찰청법 제18조 제3항에 규정하는
시험을 거친 후의 것에 한한다)이 당해 ㉮ 또는 ㉯에 열거한 기간 이상이 되
는 경우

㉮ 위 ① 및 ③에 규정하는 직무에 종사한 기간을 통산한 기간이 5년

㉯ 위 ②에 규정하는 직무에 종사한 기간에 위 ① 및 ③에 규정하는 직
무에 종사한 기간을 통산한 기간이 7년

법무대신 인정변호사 자격취득 방법을 간단히 정리하자면, 사법연
수생이 될 자격을 얻은 후 사법연수소에서 연수를 받지 않았으나 변호
사법이나 관련 법률에서 정하는 법률관련 사무에 일정 기간 종사하거
나, 법학교수 등의 직에 일정 기간 재직한 경우에는 변호사의 자격을
인정한다는 것이다. 그러나 이러한 업무에 종사하거나 재직한 경력만
으로 곧바로 변호사의 자격을 취득하는 것은 아니고, 변호사 업무에
대해 법무성령으로 정하는 법인이 실시하는 교육으로서 법무대신이
지정하는 과정을 수료했다고 인정되어야 한다(제5조).

이 밖에도 우리의 대법원에 해당하는 최고재판소 재판관으로 재
직한 자에 대해서는 변호사의 자격을 인정한다(제6조).[39]

나. 변호사 등록 과정에 있어서의 자치성 정도

(1) 변호사의 입회와 등록·변경등록

일본의 변호사단체는 각 변호사회와 일본변호사연합회(日本弁護士
連合会)로 되어 있다. 변호사회는 우리의 지방변호사회에 해당하고, 일

---

39 일본은 우리와 달리 최고재판소 재판관에게 변호사의 자격이 있을 것을 요하
  지 않는다.

본변호사연합회는 대한변호사협회에 해당하는데, 대한변호사협회를 '대
한변협'이라고 약칭하는 것처럼 일본변호사연합회는 통상 '일변련'이라
고 약칭한다.

　변호사가 되려는 자는 소속하고자 하는 변호사회를 거쳐 일변련
에 등록을 청구하여야 한다(제9조). 소속 변호사회를 변경하고자 하는
경우에는 새로 입회하려는 변호사회를 거쳐 일변련에 변경등록 청구
(登録換の請求)를 하여야 하는데, 이 때에는 소속하던 변호사회에 그러
한 취지를 신고하여야 한다(제10조). 일본 변호사법(弁護士法)에서 변호
사의 등록이나 변경등록 청구 절차는 1차로 변호사회에서, 2차로 일변
련에서 심사를 하는 구조로 되어 있다. 변호사회에서 일변련으로 등록
또는 변경등록 청구 서류를 송부하는 절차를 '진달(進達)'이라고 한다.

　변호사회는 입회를 신청한 자가 ① 변호사회의 질서 또는 신용을
해칠 우려가 있는 자이거나, ② 심신(心身)에 장애가 있는 경우, ③ 법
제17조 제3호에 해당하는 자가 제명, 업무 금지, 등록말소 또는 면직
의 처분을 받은 날로부터 3년을 경과하여 청구한 때, ④ 등록 또는 변
경등록을 청구하는 변호사가 청구 1년 전 이내에 해당 변호사회 지역
내에서 상시 근무를 필요로 하는 공무원으로 재직하였던 자로서 변호
사의 직무를 적정하게 수행하기에 부족할 우려가 있는 경우에는 자격
심사위원회의 의결에 따라 등록 또는 변경등록 청구의 진달을 거부할
수 있다(제12조 제1항, 제2항). 다만 ②와 ③의 경우는 그러한 사유로 인
하여 변호사의 직무를 적정하게 수행하기에 부족할 우려가 있는 경우
여야 한다(제12조 제1항). '법 제17조 제3호에 해당하는 자'란, 변호사가
퇴회명령·제명 또는 법 제13조의 규정에 따라 등록취소가 확정된 경
우를 가리킨다. '퇴회명령'이란 소속 변호사회로부터 강제 퇴출하는 징
계를 가리킨다. 우리의 영구제명에 해당한다고 할 수 있으나, 일변련
이 아닌 소속 변호사회에서 영구제명되는 것이라는 점에서 우리와 차

이가 있다. '등록 또는 변경등록 청구의 진달(進達) 거부'란 실질적으로 해당 변호사회 입회를 거부하는 것을 의미한다. 이 점에서 지방변호사회의 입회심사권에 관하여 아무런 규정을 두고 있지 아니한 우리 변호사법(제7조 제3항 및 제68조 제1항 참조)과는 차이가 있다.

변호사회가 위에서 본 것과 같이 등록 또는 변경등록 청구의 진달(進達)을 거부하는 경우에는 신속하게 거부의 취지와 이유를 서면으로 기재하여 신청인에게 통지하여야 한다(제12조 제3항). 이는 신청인에게 권리구제의 기회를 최대한 신속하게 부여하고, 거부이유를 명확히 함으로써 신청인으로 하여금 거부에 불복할 것인지 여부를 판단함에 도움을 주기 위함이다.

변호사회가 등록 또는 변경등록 청구를 접수한 후 3개월이 경과하도록 등록 또는 변경등록 청구를 진달하지 않는 경우에 신청인은 등록 또는 변경등록 청구가 거부된 것으로 간주하고 일변련에 심사청구를 할 수 있다(제12조 제4항). 거부된 것으로 간주되는 경우에만 심사청구를 할 수 있는 것이 아니라 거부된 경우에도 심사청구를 할 수 있다(제12조의2 참조). '등록 또는 변경등록 청구를 접수한 후 3개월이 경과하도록 등록 또는 변경등록 청구를 진달하지 않는 경우'를 진달'거부'로 의제하고 신청인으로 하여금 심사청구로 불복할 수 있는 기회를 부여하는 것이 일본 변호사 등록제도의 특징이다. 이에 반하여 우리 변호사법은 등록 경유기관인 지방변호사회에 등록을 신청한 후 3개월이 경과하도록 대한변협에서 등록이 받아들여지지 않으면 등록이 된 것으로 의제하고 있다(제8조 제3항). 신청인의 입장만 고려한다면 신속하게 변호사로 등록할 수 있도록 도모하고 있는 우리 변호사법의 태도가 유리하다고 할 수 있을 것이지만, 변호사에 대한 사회적 신인도나 그 직무수행이 국민 생활과 국가의 공공질서에 미치는 심대한 영향력을 고려한다면, 변호사의 등록절차는 신속함보다는 신중함이 더 요구되는 절차라고 할 수 있다. 실제로 우리 변호사의 등록 실무에서도 지방변호사회를 거쳐 대한변협에서 등록을 심사함에 있어 3개월의 기간은 충실한 심리를 위하여 턱없이 부족한 경우가 종종 발생한다.

　　일변련은 제12조에 의한 등록 또는 변경등록 청구 진달 거부의 심사청구(같은 조 제4항에 따른 심사 청구를 포함)에 대하여 재결을 할 경우에는 자격심사위원회의 의결에 기초하여야 한다. 심사청구가 이유 있다고 인정하는 때에는 변호사회에 등록 또는 변경등록 청구의 진달을 명하여야 한다(제12조의2).

　　일변련은 변호사회로부터 등록 및 변경등록 청구를 진달받은 경우에, 제12조 제1항 또는 제2항에 해당하는 사유가 있어서 등록 또는 변경등록 청구를 거부하는 것이 상당하다고 인정하는 때에는 자격 심사위원회의 의결에 따라 그 등록 또는 변경등록 청구를 거부할 수 있다(제15조 제1항). 일변련이 이에 따라 등록 또는 변경등록 청구를 거부하는 경우에는 신청인 및 이를 진달한 변호사회에 신속하게 그 취지 및 그 이유를 서면으로 통지하여야한다(같은 조 제2항). 변호사회에서 입회를 허용하고자 하는 경우라도 일변련이 등록이나 변경등록을 불허하는 경우에는 입회가 허용되지 않는다. 이 점에서 변호사의 등록이나 변경등록에 관한 한 일변련은 변호사회의 상급기관이라고 할 수 있다.

　　제12조에 의한 등록 또는 변경등록 청구의 진달거부에 대한 심사청구가 각하 또는 기각되거나, 제14조 제1항에 따른 이의신청[40]이 기각되거나, 제15조에 따른 등록 또는 변경등록 청구를 거부당한 사람은 도쿄고등법원에 그 취소의 소를 제기할 수 있다(제16조 제1항). 일변련이 제12조에 따른 등록 또는 변경등록 청구 진달 거부의 심사청구나 제14조 제1항에 따른 이의신청을 접수한 후 3개월이 경과하도록 재결

| 40 변호사회에서 일변련에 등록취소를 청구하는 조치에 대한 이의신청을 가리킨다.

또는 제14조 제2항의 처분을 하지 아니하거나 등록 또는 변경등록 청구 진달 거부의 심사청구를 받은 후 3개월이 경과하도록 변호사 명부에 등록 또는 변경등록을 하지 아니하는 경우에는, 심사청구 또는 이의신청을 하거나 등록 또는 변경등록의 청구를 한 자는 그 심사청구 또는 이의신청이 기각되거나 등록 또는 변경등록이 거부된 것으로 간주하고 도쿄고등법원에 그 취소의 소를 제기할 수 있다(제16조 제2항). 등록 또는 변경등록 청구 진달 거부에 관해서는 이에 대한 일변련의 재결에 대해서만 취소의 소를 제기할 수 있다(제16조 제3항). 등록이나 변경등록이 일변련에 의해 거부되는 경우에는 행정소송으로 불복할 수 있도록 규율하고 있다는 점에서, 법무부장관에게 등록거부취소권한을 부여하여 등록을 명령할 수 있도록 규율하고 있는 우리 변호사법과 상당한 차이가 있다.

(2) 등록취소

변호사가 그 업무를 그만두고자 할 때에는 소속 변호사회를 거쳐 일변련에 등록 취소의 청구를 하여야 한다(제11조). 한편, 변호사회는 ① 변호사가 등록이나 변경등록 청구와 관련하여 제12조 제1항 제1호, 제2호 및 제2항에 열거된 사항에 대하여 허위의 신고를 한 경우, 또는 ② 심신장애로 변호사의 직무를 적정하게 수행하기에 부족할 우려가 있는 경우에는 자격심사위원회의 의결에 따라 일변련에 등록취소의 청구를 할 수 있다. 변호사회가 이 등록취소의 청구를 한 경우에는 그 변호사에게 즉시 그 취지 및 그 이유를 서면으로 통지하여야 한다(제13조). 이 경우 등록취소의 청구를 당한 자는 그 통지를 받은 다음날부터 기산하여 3개월 이내에 일변련에 이의를 신청할 수 있다. 이의신청을 받은 일변련은 자격심사위원회의 의결에 따라 그 신청이 이유 있다고 인정할 경우에는 변호사회에 등록 취소의 청구를 반려하고, 그 신청에 이유가 없다고 인정하는 경우에는 이의신청을 기각하여야 한다

(제14조). 이의신청 기각결정이 있는 경우 또는 이의신청 접수 후 3개월이 경과하도록 재결이 없는 경우에는 도쿄고등법원에 그 취소의 소를 제기 할 수 있다(제16조). 법무대신에 의한 등록취소명령 제도가 없는 점, 등록취소 결정에 대한 불복절차가 법무부 등록심사위원회와 같은 행정형 위원회에 이의를 신청하는 것이 아니라, 도쿄고등법원에 곧바로 행정소송을 제기할 수 있도록 규율하고 있는 점이 우리 변호사법과 다른 점이라고 할 수 있다. 이러한 차이는 법무대신이나 법무성에 변호사의 등록에 관여할 수 있는 권한을 부여하지 않고, 변호사회와 일변련에만 그 권한을 부여하고 있는 일본 변호사법의 구조적 차이에서 기인하는 것이다.

(3) 소　결

이상에서 살펴본 바와 같이 일본은 변호사의 등록을 변호사회와 일변련이 관장하고 있고, 외부의 다른 기관이 관여하는 것을 허용하지 않고 있다. 일본의 법무대신은 변호사에 대한 등록명령이나 등록취소명령 등의 권한을 전혀 보유하고 있지 않다. 일변련의 등록거부 등에 대해서 도쿄고등법원에 행정소송을 제기하는 방법으로 불복할 수 있도록 허용하는 것은 모든 분쟁에 대한 최후의 불복수단은 사법심사를 받는 것이라는 법치주의의 이념이 반영된 결과일 뿐이므로, 이를 들어 법원이 변호사의 등록에 '관여'하는 것이라고 볼 수는 없다. 비록 변호사의 자격과 관련하여 일정한 요건에 해당하는 경우 법무대신이 변호사의 자격을 인정할 수 있는 권한을 보유하고는 있으나, 이 경우에도 요건에 해당하기 위해서는 기본적으로 사법연수소에 입소할 수 있는 자격을 필요로 하고, 다만 사법연수소의 연수를 법률사무 종사 경력으로 대체하면서도 그 경우에도 사법연수소의 연수기간보다 훨씬 장기간의 종사 경력을 요구한다는 점에서 법무대신에게 특별한 권한을 부여하였다고 보기는 어렵다.

한편, 우리의 지방변호사회에 해당하는 일본의 변호사회가 변호사의 등록 등에 관하여 1차적인 심사권을 가지고 이에 불복하는 경우에만 일변련이 관여하도록 규율하고 있다는 점에서, 일본 변호사법상 변호사회의 위상은 우리 변호사법상 지방변호사회의 위상에 비하여 월등하다고 할 수 있다. 비록 우리 변호사법이 대한변협은 지방변호사회가 연합하여 회칙을 제정하여 설립하고, 회칙을 변경하는 권한도 지방변호사회가 보유하는 것처럼 규정하고 있으나(변호사법 제79조 참조), 사실상 유명무실한 조문으로 아무런 기능을 발휘하지 않고 있는 것이 현실이라는 점을 고려한다면 매우 중요한 차이점이라고 할 수 있다.

정리하자면, 변호사의 등록에 관한 한 변호사단체의 완전한 자율에 맡겨져 있고 그 과정에서 변호사회의 역할이 매우 중요하다는 것이 일본의 변호사 법제라고 할 수 있다.

다. 변호사 징계에서의 자치성 정도

일본 변호사법상 징계사유는 ① 변호사법 위반, ② 소속 변호사회 또는 일변련 회칙 위반, ③ 소속 변호사회의 질서 또는 신용을 해치고 기타 직무의 내외를 불문하고 그 품위를 잃을 비행을 저지른 경우로 되어 있다(제56조 제1항).

(1) 징계절차

징계권자는 징계대상 변호사 또는 변호사법인의 소속 변호사회 또는 일변련이다.

먼저, 변호사회는 변호사회 관할 구역 내에 법률사무소를 개설한 변호사나 변호사법인을 대상으로 징계권을 행사한다(제56조 제2항, 제3항). 징계청구권자에는 아무런 제한이 없다. 누구나 변호사 또는 변호사법인에 징계 사유가 있다고 생각하는 경우에는 그 사유의 설명과 함께 그 변호사 또는 변호사법인의 소속 변호사회에 징계를 요구할 수 있다. 변호사회는 징계청구가 있거나 소속 변호사나 변호사법인에 징계사유가 있다고 인정하는 경우에 강기위원회(綱紀委員会)[41]의 조사를 거쳐야 한다. 강기위원회는 조사결과 대상 변호사나 변호사법인(이하 '대상 변호사 등'이라고 한다)에 대해 징계위원회에 사안의 심사를 요청하는 것이 상당하다고 인정하는 경우에는 그 취지의 의결을 한다. 이 경우 변호사회는 당해 의결에 따라 징계위원회에 사안의 심사를 청구해야 한다. 강기위원회의 조사결과 징계청구가 부적법하거나, 징계절차를 개시할 수 없다고 인정하는 경우, 대상 변호사 등에 대해 징계의 사유가 없다고 인정하는 경우, 사안의 경중 기타 정상을 고려하여 징계를 하지 않는 것이 명백하다고 인정할 경우에는 징계위원회에 사안의 심사를 요구하지 않는 것이 상당하는 의결을 한다. 이 경우 변호사회는 당해 의결에 따라 대상 변호사 등을 징계하지 아니한다는 취지의 결정을 하여야 한다. 변호사회 징계위원회는 심사에 회부된 사안에 대하여 심사한 결과 대상 변호사 등에 대하여 징계하는 것이 상당하다고 인정하는 경우에는 징계 처분의 내용을 명시하고 그 취지의 의결을 한다. 이 경우 변호사회는 당해 의결에 따라 대상 변호사 등을 징계하여야 한다. 반대로 심사한 결과 대상 변호사 등에 대하여 징계하지 않는 것이 상당하다고 인정하는 경우에는 그 취지의 의결을 한다. 이 경우 변호사회는 당해 의결에 따라 대상 변호사 등을 징계하지 아니한다는 취지의 결정을 하여야 한다(이상 제58조).

　　다음으로, 일변련은 제56조 제1항에 규정하는 사안에 대해 스스로 그 변호사 등을 징계하는 것이 적당하다고 인정하는 경우에는 다음의 절차에 따라 이를 이행할 수 있다. 일변련은 변호사 등에 대하여 징계 사유가 있다고 판단하는 경우에는 징계 절차에 회부하고 일변련 강기위원회로 하여금 사안을 조사하게 할 수 있다. 일변련 강기위원회는 그 조사에 의해 대상 변호사 등에 대해 일변련 징계위원회에 사안의

| 41 우리의 조사위원회에 해당한다.

심사를 요청하는 것이 상당하다고 인정하는 경우에는 그 취지의 의결을 한다. 이 경우 일변련은 당해 의결에 따라 일변련의 징계위원회에 사안의 심사를 청구해야 한다. 그러나 강기위원회의 조사결과 대상 변호사 등에 대하여 징계 절차를 개시할 수 없는 사안이라고 인정할 경우 또는 대상 변호사 등에 대하여 징계의 사유가 없다고 인정하는 경우, 또는 사안의 경중 기타 정상을 고려하여 징계를 하지 않는 것이 명백하다고 인정할 경우에는 일변련 징계위원회에 사안의 심사를 요구하지 않는 것이 상당하다는 의결을 한다. 이 경우 일변련은 당해 의결에 따라 대상 변호사 등을 징계하지 아니한다는 취지의 결정을 하여야 한다. 일변련 징계위원회는 심사에 회부된 사안에 대하여 심사한 결과 대상 변호사 등에 대하여 징계하는 것이 상당하다고 인정하는 경우에는 징계 처분의 내용을 명시하고 그 취지의 의결을 한다. 이 경우 일변련은 당해 의결에 따라 대상 변호사 등을 징계하여야 한다. 반대로 심사한 결과 대상 변호사 등에 대하여 징계하지 않는 것이 상당하다고 인정하는 경우에는 그 취지의 의결을 한다. 이 경우 일변련은 당해 의결에 따라 대상 변호사 등을 징계하지 아니한다는 취지의 결정을 하여야 한다(이상 제60조).

(2) 징계결정 불복절차

변호사회의 징계결정에 대한 불복은 일변련에 심사청구를 제기하는 방법으로 한다. 일변련은 제56조의 규정에 따라 변호사회가 한 징계 처분에 대한 심사청구가 있는 경우에는 일변련 징계위원회에 사안의 심사를 청구하고, 그 의결에 따라 재결을 하여야 한다. 이 심사청구에는 행정불복심사법 제19조, 제17조, 제2장 제3절 및 제50조 제2항의 규정을 제외하고는 행정불복심사법에 따른다. 이 경우 같은 법 제11조 제2항 중 '제19조 제1항의 규정에 의해 지명된 자[이하 '심리원(審理員)'이라 한다]'는 '일변련의 징계위원회'로, 같은 법 제13조 제1항 및 제2항 중 '심리원(審理員)'은 '제11조 제2항의 징계위원회'로, 같은 법 제44조 중 '행정불복심사회 등으로부터 자문에 대한 답신을 받았을 경우(전조 제1항의 규정에 따라 자문을 필요로 하지 않는 경우―같은 항 제2호 또는 제3호에 해당하는 경우를 제외한다―에 있어서는 심리원 의견서가 제출된 경우, 같은 항 제2호 또는 제3호에 해당하는 경우에 있어서 같은 항 제2호 또는 제3호에 규정하는 회의를 거친 경우)'는 '변호사법(弁護士法)(昭和 24년 법률 제205호) 제59조 제1항의 의결이 있은 경우'로 한다(제59조).

　　변호사회의 징계결정에 대하여 제기한 심사청구를 각하하거나 기각하는 결정을 받은 경우 또는 일변련으로부터 징계결정을 받은 경우에 징계청구자는 도쿄고등법원에 그 취소를 구하는 소를 제기할 수 있다. 변호사회가 한 징계결정에 대해서는 일변련의 재결에 대해서만 취소의 소를 제기할 수 있다(제61조).

(3) 불징계결정 등에 대한 불복

㈎ 이의신청

　　변호사회에 징계를 청구한 자는 변호사회가 징계를 하지 아니하기로 결정을 한 경우나 상당한 기간 내에 징계절차를 종료하지 않는 경우 또는 부당하게 가벼운 결정을 한 경우에 일변련에 이의신청을 제기하는 방법으로 불복할 수 있다. 상당한 기간 내에 징계절차를 종료하지 않는 경우를 제외한 이의신청은 불징계결정이나 징계결정의 통지를 받은 날의 다음날부터 3개월 이내에 제기하여야 한다. 우편 등으로 이의신청서를 제출하는 경우 배송에 소요되는 기간은 이의신청 제기기간에 산입하지 않는다(제64조).

㈏ 일변련 강기위원회의 심사

　　이의신청된 해당 사안이 원 변호사회(징계 청구자가 징계의 청구를 한 변호사회를 말한다. 이하 같다)의 징계위원회의 심사에 회부되지 않은 사안인 경우에는 일변련은 일변련 강기위원회에 심사를 청구하여야 한

다. 원 변호사회의 불징계결정에 대한 이의신청에 대해 일변련 강기위
원회의 심사결과 원 변호사회의 징계위원회에 사안의 심사를 요청하는
것이 상당하다고 인정하는 경우에는 그 취지의 의결을 한다. 이 경우
일변련은 당해 의결에 따라 원 변호사회가 한 불징계결정을 취소하고
사안을 원 변호사회에 송부한다. 사안을 송부받은 원 변호사회는 소속
징계위원회에 사안의 심사를 청구하여야 한다. 이 경우에는 제58조 제5
항 및 제6항의 규정을 준용한다. 원 변호사회가 상당한 기간 내에 징계
절차를 종료하지 않는 것에 대한 이의신청에 대해 심사결과 그 이의신
청에 이유가 있다고 인정하는 경우에는 그 취지의 의결을 한다. 이 경우
일변련은 당해 의결에 따라 원 변호사회에 대해 신속하게 징계 절차를
진행하여 대상 변호사 등을 징계하거나 징계하지 않기로 하는 결정을
하도록 명하여야 한다. 마지막으로, 강기위원회가 이의 신청을 부적법
으로 각하하거나 이유가 없다고 기각하는 것이 상당하다고 인정하는
경우에는 그 취지의 의결을 한다. 이 경우 일변련은 당해 의결에 따라
이의 신청을 각하하거나 기각하는 결정을 하여야 한다(이상 제64조의2).

　　일변련에 제기한 이의 신청에 대해 이를 각하 또는 기각하는 결정
을 한 경우에 그에 대하여 불복이 있는 징계 청구자는 일변련에 강기
심사회(綱紀審査会)에 의한 강기심사를 청구할 것을 신청할 수 있다. 이
경우 일변련은 강기심사회에 강기심사를 받아야 한다. 강기심사회 심
사청구의 신청은 이의신청에 대한 각하 또는 기각결정을 통지받은 날
의 다음날부터 30일 이내에 제기하여야 한다(이상 제64조의3).

　　㈐ 강기심사회의 심사 등

　　강기심사회의 심사결과 원 변호사회의 징계위원회에 사안의 심사
를 요청하는 것이 상당하다고 인정하는 경우에는 출석한 위원 3분의 2
이상의 결의로 그 취지의 의결을 한다. 일변련은 당해 의결에 따라 자
신이 한 이의 신청의 각하·기각 결정 및 원 변호사회가 한 대상 변호

사 등에 대한 불징계 결정을 취소하고 그 사건을 원 변호사회에 송부하여야 한다. 사건을 송부받은 원 변호사회는 소속 징계위원회에 사안의 심사를 청구해야 한다. 강기심사회가 강기심사의 신청을 부적법으로 각하하는 것이 상당하다고 인정하는 경우에는 그 취지의 의결을 한다. 이 경우 일변련은 당해 의결에 따라 강기심사의 신청을 기각하는 결정을 하여야 한다. 강기심사회가 강기심사 신청을 부적법 각하하는 경우를 제외하고, 제1항의 의결을 얻을 수 없는 경우에는 그 취지의 의결을 하여야 한다. 이 경우 일변련은 당해 의결에 따라 강기심사의 신청을 기각하는 결정을 하여야 한다(이상 제64조의4).

㈃ 일변련 징계위원회의 이의 심사 등

일변련은 이의신청된 해당 사안이 원 변호사회(징계 청구자가 징계의 청구를 한 변호사회를 말한다. 이하 같다) 징계위원회의 심사에 회부된 사안인 경우에는 일변련 징계위원회에 심사를 청구하여야 한다. 일변련 징계위원회는 원 변호사회 불징계결정의 이의 신청에 대한 이의 심사의 결과, 대상 변호사 등을 징계하는 것이 상당하다고 인정하는 경우에는 징계 처분의 내용을 명시하고 그 취지의 의결을 한다. 이 경우 일변련은 당해 의결에 따라 원 변호사회의 불징계 결정을 취소하고 스스로 대상 변호사 등을 징계하여야 한다. 원 변호사회가 상당한 기간 내에 징계 절차를 종료하지 않는 것의 이의 신청에 대한 이의심사의 결과, 그 이의 신청에 이유가 있다고 인정하는 경우에는 그 취지의 의결을 한다. 이 경우 일변련은 당해 의결에 따라 원 변호사회에 대하여 신속하게 징계 절차를 진행하여 대상 변호사 등을 징계하거나 징계하지 않기로 하는 결정을 하도록 명하여야 한다. 원 변호사회가 한 징계 처분이 부당하게 가볍다는 것을 이유로 하는 이의 신청에 대한 이의심사 결과, 그 이의 신청에 이유가 있다고 인정하는 경우에는 징계 처분의 내용을 명시하여 징계 처분을 변경하는 것이 상당하다는 취지의 의결을 한다. 이 경우 일변련은 당해 의결에 따라 원 변호사회가 한 징계 처분을 취소하고 스스로 대상 변호사 등을 징계하여야 한다. 일변련 징계위원회에서 이의 신청을 부적법으로 각하하거나 이유가 없어 기각하는 것이 상당하다고 인정하는 경우에는 그 취지의 의결을 한다. 이 경우 일변련은 당해 의결에 따라 이의 신청을 각하하거나 기각하는 결정을 하여야 한다(이상 제64조의5).

(4) 징계위원회

변호사회와 일변련은 각각 징계위원회를 둔다. 징계위원회는 그 설치한 변호사회나 일변련의 청구에 따라 각 변호사회에 속한 변호사나 변호사법인의 징계에 관한 사항을 심리한다(제65조). 징계위원회는 최소 4인 이상 그 설치한 변호사회나 일변련의 회칙에 정한 수의 위원으로 구성한다(제66조). 변호사회 징계위원회 위원은 변호사, 판사, 검사 및 학식과 경험이 있는 자 중에서 변호사회 회장이 위촉한다. 이 경우 판사 또는 검사인 위원은 그 지역의 고등법원·지방법원 또는 고등검찰청 검사장·지방검찰청 검사장의 추천에 따라, 다른 위원은 그 변호사회의 총회의 결의에 따라 위촉하여야 한다. 일변련 징계위원회 위원은 변호사, 판사, 검사 및 학식과 경험이 있는 자 중에서 일변련 회장이 위촉한다. 이 경우 판사 또는 검사인 위원은 최고재판소 또는 검찰총장의 추천에 따라, 다른 위원은 일변련 총회의 결의에 따라 위촉하여야한다. 징계위원회의 위원의 임기는 2년으로 하되, 보궐 위원의 임기는 전임자의 잔임 기간으로 한다. 징계위원회의 위원은 형법 기타 벌칙의 적용에 관하여는 법령에 의하여 공무에 종사하는 직원으로 본다(이상 제66조의2). 위원장은 위원간의 호선으로 정하며 위원장에 사고가 있는 경우에는 징계위원회에서 정한 순서에 따라 다른 위원이 그 직무를 대행한다(제66조의3).

(5) 강기위원회

변호사회와 일변련에 강기위원회를 둔다. 변호사회 강기위원회는 제58조 제2항 및 제71조의6 제2항의 조사 그밖에 그 강기위원회를 설치한 변호사회 소속 변호사 및 변호사법인의 기강 유지에 관한 사항을 관장하고, 일변련 강기위원회는 제60조 제2항 및 제71조의6 제2항의 조사 및 제64조의2 제1항의 이의 심사, 그밖에 변호사 및 변호사법인의 유지에 관한 사항을 주관한다(제70조). 강기위원회는 최소 4인 이상 그 설치한 변호사회나 일변련의 회칙에 정한 수의 위원으로 구성한다(제70조의2). 변호사회 강기위원회 위원은 변호사, 판사, 검사 및 학식과 경험이 있는 자 중에서 그 변호사회 회장이 위촉하되 제66조의2 제1항 후단을 준용한다. 일변련 강기위원회 위원도 변호사, 판사, 검사 및 학식과 경험이 있는 자 중에서 일변련 회장이 위촉하되 제66조의2 제2항 후단을 준용한다. 강기위원회 위원의 임기와 벌칙 적용에 있어서 공무 수행 직원으로 의제하는 부분, 위원장의 호선, 위원장 사고시 직무대행 방법 등은 징계위원회의 경우와 같다(이상 제70조의3 및 제70조의4).

(6) 강기심사회

강기심사회는 일변련에 둔다. 강기심사회는 변호사회의 불징계 결정에 대한 징계청구자의 이의신청을 일변련이 각하하거나 기각하는 결정을 한 경우, 또는 징계청구자의 신청이 있는 경우 및 국민의 의견을 반영하여 징계절차의 적정을 확보하기 위해 필요한 기강심사를 실시한다(이상 제71조). 위원은 11인으로 하고, 변호사·판사·검사 및 이러한 직에 있던 자들은 위원이 될 수 없다. 학식과 경험이 있는 자 중에서 일변련 총회의 의결에 따라 일변련 회장이 위촉한다(이상 제71조의2, 제71조의3). 위원장의 호선, 위원장 사고시 직무대행 방법 등은 징계위원회나 강기위원회 등의 경우와 같다.

(7) 소 결

이상과 같은 일본의 변호사징계절차를 도해하면 다음과 같다.[42]

〈일본 변호사징계 흐름도〉

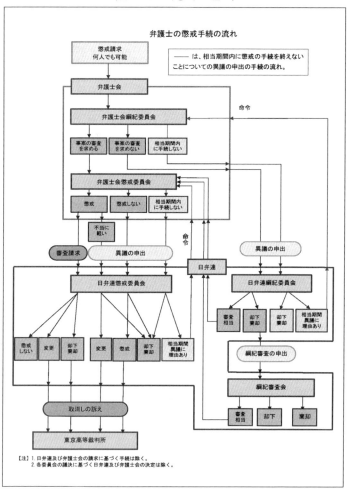

---

42 http://www.nichibenren.or.jp/jfba_info/autonomy/chokai.html(2016. 5. 20.
최종방문).

라. 지방변호사회의 법정단체 여부 및 입회·설립·기구조직·
　　활동에 있어서의 자치성 정도

일본의 경우 우리의 '지방'변호사회에 해당하는 단체는 '변호사회'
이다. 변호사회는 변호사 및 변호사법인의 사명 및 직무에 비추어 그
품위를 유지하고 변호사 및 변호사법인의 사무의 개선과 발전을 도모
하기 위해 변호사 및 변호사법인의 지도, 연락 및 감독에 관한 사무를
수행하는 것을 목적으로 한다(제31조). 변호사회는 법인으로 하며, 법
원의 관할구역마다 설립한다(제31조 및 제32조). 변호사회는 일변련의
승인을 받아 회칙을 제정하여야 하고(제33조), 그 소재지에서 등기를
함으로써 성립한다(제34조). 변호사회의 대표는 회장으로 하고, 회장
궐위시에는 부회장이 변호사법 및 회칙이 정하는 회장의 직무를 수행
한다. 회장 및 부회장은 형법 기타 벌칙의 적용에 관하여는 법령에 의
하여 공무에 종사하는 직원으로 본다(이상 제35조).

개인변호사는, 변호사명부에 등록이 되면 입회하고자 하는 변호사
회의 회원이 되고 변경등록이 되면 탈회가 된다. 등록취소가 된 변호
사는 당연히 소속 변호사회를 탈회한다(이상 제36조).

변호사법인은 그 성립 당시 주된 법률사무소가 소재하는 지역의
변호사회(두 개 이상의 변호사회가 있는 경우에는 당해 변호사법인이 정관에
기재한 변호사회)의 회원이 되고, 변호사법인이 소속 변호사회의 지역
이외에 법률사무소를 설치하거나 이전하고 새로 법률사무소를 둔 소
재지에서 그 취지의 등기를 한 때에는 당해 법률사무소가 소재하는 지
역의 변호사회(두 개 이상의 변호사회가 있는 경우에는 당해 변호사법인이 정
관에 기재한 변호사회)의 회원이 된다. 회원이 된 변호사법인은 가입 후
2 주 이내에 등기사항 증명서 및 정관의 사본을 첨부하여 그 취지를
해당 변호사회 및 일변련에 신고하여야 한다. 정관의 변경으로 입회가
된 경우에도 마찬가지이다. 마찬가지로, 변호사법인이 그 법률사무소

를 이전 또는 폐지하여 소속 변호사회의 지역 내에 법률사무소가 없게
되어 구 소재지에서 그 취지의 등기를 한 때에는 당해 변호사회를 탈
퇴한다. 이 경우 탈퇴일로부터 2주 이내에 그 취지를 당해 변호사회
및 일변련에 신고하여야 한다. 변호사법인은 그 법률사무소의 소재지
에 두 개 이상의 변호사회가 있는 경우에 한하여 정관을 변경함으로써
소속 변호사회를 변경할 수 있다. 그러나 동일한 지역에 있는 여러 변
호사회에 소속할 수 없다(이상 제36조의2).

변호사회는 매년 정기총회를 열고, 필요에 따라 임시총회를 열며
총회의 결의 및 임원 취임·퇴임을 일변련에 보고하여야 한다(제37조 및
제38조). 변호사회의 총회 결의가 공익을 해치거나 그밖에 법령 또는 그
변호사회나 일변련의 회칙을 위반하는 경우에 일변련은 그 결의를 취소
할 수 있다(제40조). 변호사회는 일변련에서 자문 또는 협의를 받은 사
항에 대해 답신을 해야 하며, 변호사 및 변호사법인의 사무 기타 사법
사무에 관하여 관공서에 건의하거나 그 자문에 답신할 수 있다(제42조).

지방법원의 관할구역 변경으로 그 지역 내에 있는 변호사회가 합
병 또는 해산할 필요가 생긴 경우에 그 변호사회는 총회의 결의에 따
라 합병 또는 해산한다(제43조 제1항). 변호사회가 해산하는 경우에 파
산절차 개시결정에 의한 해산의 경우를 제외하고는 회장이 청산인이
된다. 그러나 정관에 다른 정함이 있거나, 총회에서 회장 이외의 사람
을 청산인으로 선임한 경우에는 그러하지 아니하다(제43조의2). 이러한
방법으로 청산인이 될 자가 없는 경우 또는 청산인의 부족으로 손해가
발생할 우려가 있는 경우에 법원은 이해관계인이나 검사의 청구에 의
하여 또는 직권으로 청산인을 선임할 수 있다(제43조의4). 중요한 사유
가 있는 경우에 법원은 이해관계인이나 검사의 청구에 의하여 또는 직
권으로 청산인을 해임할 수 있다(제43조의5). 변호사회의 해산 및 청산
은 법원의 감독에 속하며, 법원은 직권으로 언제든지 그 감독에 필요

한 검사를 실시할 수 있다(제43조의9). 변호사회의 해산 및 청산의 감독 및 청산인에 관한 사건은 그 사무소의 소재지를 관할하는 지방법원의 관할에 속한다(제43조의10). 청산인 선임의 재판에 대하여는 불복할 수 없다(제43조의11).

동일한 고등법원의 관할구역 내에서 변호사회는 공동으로 특정 지역을 위한 규약을 정하고, 일변련의 승인을 받아 변호사연합회를 설립할 수 있다(제44조). 이에 따라 설립하는 변호사연합회는 일본 전국을 대표하는 일변련과는 다른 조직이다.

마. 변협의 법정단체 여부 및 입회·설립·기구조직·활동에 있어서의 자치성 정도

일본의 경우 우리의 대한변협에 해당하는 단체는 일본변호사연합회로서 보통 줄여서 일변련이라고 부른다. 전국의 변호사회는 일변련을 설립해야 한다. 일변련은 변호사 및 변호사법인의 사명 및 직무에 비추어 그 품위를 유지하고 변호사 및 변호사법인의 사무의 개선 발전을 도모하기 위하여, 변호사, 변호사법인 및 변호사회의 지도, 연락 및 감독에 관한 사무를 실시하는 것을 목적으로 한다. 일변련은 법인으로 한다(제45조). 변호사, 변호사법인 및 변호사회는 당연히 일변련의 회원이 된다(제47조).

일변련은 변호사, 변호사법인 및 변호사회의 지도, 연락 및 감독에 관한 사무에 대해서, 관공서나 그 밖의 기관에 필요한 조사를 의뢰할 수 있다(제48조).

최고재판소는 필요하다고 인정하는 경우에 일변련에 일변련의 소관 사무에 관하여 보고를 요구하거나 변호사, 변호사법인 및 변호사회에 관한 조사를 의뢰할 수 있다(제49조). 최고재판소가 이러한 권한을 보유하는 것은 일본 헌법에 근거한다.[43]

| 43 일본 헌법 제77조 제1항은 "최고재판소는 소송에 관한 절차, 변호사, 법원의

이 법률에 근거한 일변련의 처분 또는 그 부작위에 대해서는 심사
청구를 할 수 없다(제49조의3).

바. 법무법인 등의 설립 및 조직과 활동의 자치성 정도

변호사는 변호사의 업무를 수행하기 위한 목적으로 법인을 설립
할 수 있다(제30조의2). 일본 변호사법에서는 이를 '변호사법인'이라고
한다. 우리 변호사법에서는 법무법인 외에 법무법인(유한), 법무조합
등의 조직형태를 규정하고 있으나, 일본은 변호사법인 하나의 형태만
을 규정하고 있다.

(1) 변호사법인의 설립

변호사법인의 설립에 관해서는 일본 변호사법 제4장의2에서 규율
하고 있다. 변호사법인의 설립목적은 제3조가 정하는 변호사의 업무를
수행하기 위한 것이다(제30조의2 제1항). 사회정의의 실현과 인권옹호라
는 변호사의 기본적 사명 및 이러한 사명에 기초하여 성실하게 직무를
수행하고 사회질서의 유지 및 법률제도의 개선에 노력하여야 한다는
변호사의 사명에 관한 제1조는 변호사법인에도 준용된다(제30조의2 제2
항). 변호사법인의 업무범위는 제3조가 정하는 변호사의 업무범위 외
에 정관으로 정하는 바에 따라 법령 등에 의하여 변호사가 할 수 있는
업무로서 법무부령에서 정하는 업무의 전부 또는 일부를 수행할 수 있
다(제30조의5).

변호사법인의 구성원인 사원은 변호사로 제한된다(제30조의4 제1
항). 변호사라고 하더라도 제56조 또는 제60조에 따라 업무정지의 징
계를 받은 경우에 그 정지 기간이 경과하지 않았거나, 변호사법인이
제명이나 업무정지의 징계를 받은 경우에 그 징계를 받은 날로부터 1
개월 이내에 변호사법인의 사원으로 있던 변호사로서 처분을 받은 후

내부 규율 및 사법사무 처리에 관한 사항에 대하여 규칙을 정하는 권한을 가
진다."라고 규정하고 있다.

3년(업무정지의 징계를 받은 경우에는 그 업무정지의 기간)을 경과하지 아니한 자는 사원이 될 수 없다(제30조의4 제2항).

변호사법인을 설립하려면 사원이 되고자 하는 변호사가 정관을 작성하여야 한다. 변호사법인의 정관에는 회사법 제30조 제1항을 준용한다. 정관에는 목적, 명칭, 법률사무소의 소재지, 소속 변호사회, 사원의 성명과 주소 및 소속 변호사회, 사원의 출자에 관한 사항, 업무의 집행에 관한 사항을 필수적으로 기재하여야 한다(제30조의8). 정관의 변경은 정관에 달리 정한 경우를 제외하고는 총사원의 동의로 변경할 수 있다. 변호사법인이 정관을 변경하면 변경한 날의 다음날부터 2주 이내에 변경관련사항을 소속 변호사회와 일변련에 신고하여야 한다(제30조의11).

변호사법인은 정령(政令)이 정하는 바에 따라 등기하여야 한다. 변호사법인이 등기하여야 할 사항은 등기함으로써 제3자에게 대항할 수 있게 된다(제30조의7). 그러나 변호사법인의 성립은 주된 법률사무소의 소재지를 관할하는 등기소에 설립등기를 함으로써 비로소 성립한다(제30조의9). 변호사법인이 성립하면 성립한 날부터 2주 이내에 등기사항증명서 및 정관의 사본을 첨부하여 그 성립의 취지를 소속 변호사회 및 일변련에 신고하여야 한다(제30조의10).

변호사법인의 설립절차는 대체로 우리 법무법인 등의 설립절차와 유사하다. 다만 우리 법무법인 등은 법무부장관의 설립 인가를 필요로 하나, 일본의 변호사법인은 그러한 요건을 필요로 하지 아니한다.

(2) 변호사법인의 해산

변호사법인의 해산사유는 ① 정관에 정한 해산사유가 발생한 경우, ② 총사원의 동의가 있는 경우, ③ 다른 변호사법인과 합병하는 경우, ④ 파산절차 개시결정이 있는 경우, ⑤ 해산을 명하는 재판, ⑥ 제명, ⑦ 사원의 흠결 등이다(제30조의23 제1항). 우리와 달리 변호사법인의 설립에 인가를 필요로 하지 아니하므로, 설립인가의 취소는 인정되지 아니하고 설립인가의 취소를 원인으로 하는 해산도 인정되지 아니한다.

법무대신은 공익적 목적에 입각하여 일반적인 회사에 대한 해산명령청구권을 보유하고 있으나[회사법(会社法) 제824조], 변호사법인에 대하여 해산명령청구를 함에 있어서는 사전에 일변련의 의견을 청취하여야 한다(제30조의25 제3항).

다른 변호사법인과 합병하거나, 제명의 경우를 제외하고는 해산하는 법무법인이 해산일로부터 2주 이내에 그 취지를 소속 변호사회와 일변련에 신고하여야 한다(위 같은 조 제2항). 이와 달리 우리 변호사법은 법무법인의 인가 및 그 취소, 해산 및 합병이 있으면 법무부장관이 지체 없이 주사무소 소재지의 지방변호사회와 대한변협에 통지하도록 하고 있다(제56조 참조).

(3) 소 결

우리나라의 회사 설립이 준칙주의를 취하고 있음에도 불구하고 법무법인 등의 설립에 관하여는 법무부장관의 인가를 필요로 하는 인가주의를 취하고 있다. 그러나 일본은 이에 관하여 일반 회사 및 법인에 관한 회사법과 「일반사단법인및일반재단법인에관한법률(一般社団法人及び一般財団法人に関する法律)」을 준용할 뿐, 별다른 특칙을 규정하지 않음으로써 법무대신 등 외부의 관여를 배제하고 있다는 점에서 근본적인 차이가 있다.

사. 정 리

일본에 있어서 변호사회 및 일변련의 설립과 활동에 있어서도 자치성은 완전한 수준으로 보장되고 있다고 평가할 수 있다. 그러나 일본에서 변호사제도가 시행된 초기부터 이렇듯 높은 수준의 자치성을 보장받게 된 것은 아니다. 변호사의 전신인 대언인(代言人)시대는 물론

이고 명치(明治) 26년 변호사제도가 도입되었을 당시에도 변호사의 등록은 사법대신의 소관이었고 변호사명부는 지방재판소에 비치되었으며 변호사회는 지방재판소 검사정(檢事正)의 감독 아래에 놓여 있었다. 昭和 8년의 旧 변호사법에서도 변호사의 등록은 여전히 법무대신의 소관으로, 변호사명부는 사법성에 비치하는 것으로 되어 있었다. 다만 변호사의 등록이나 변경등록은 소속하고자 하는 변호사회를 경유하도록 되어 있었고, 변호사회는 '회의 신용이나 질서를 해할 우려가 있는 자'에 대해서는 등록신청서류의 진달을 거절할 수 있었고 퇴회명령도 내릴 수 있었다. 그러나 변호사회는 여전히 사법대신의 감독 하에 놓여있어, 사법대신은 변호사회의 설립이나 회칙의 인가권, 총회나 임원 선거장소 임석권, 결의취소권, 의사정지권, 해산결의의 인가권, 변호사회연합회 설립인가권 등을 보유하고 있었다. 이러한 환경 속에서 일변련의 전신이라고 할 수 있는 일본변호사협회는 1900년(明治 33년) 4월의 임시총회를 통하여 변호사회를 자치단체로 하는 것을 결의하였으나 그 결의는 실현되지 못하였다. 2차 대전 후 여러 법률을 개정하면서 변호사출신 의원들의 노력과, 일변련의 전신인 일본변호사회연합회와 중의원법제국이 힘을 쏟아 의원입법의 형식으로 현재와 같은 변호사법이 만들어지게 되었다. 그러나 변호사법 시행 이후에도 변호사단체의 자치권을 침탈하려는 시도가 여러 차례 자행되었다. 1964년(昭和 39년)에는 임시사법제도조사회법에 근거한 임시사법제도조사회[44]에서 간이판사와 부검사제도의 도입 및 변호사징계제도의 개혁을 주장하였다. 1978년(昭和 53년)에는 법무성과 최고재판소가 변호사징계제도를 비판하고 나왔다. 일변련은 이러한 비판에 대응하여 변호사자치의 이론적 심화를 위해 노력하는 한편 법조 3륜의 타협을 통해 일변련과 변호사회의 징계위원회에 외부위원을 허용하고, 강기위원회의 위원에는

| 44 당시 회장이 유명한 민법학자인 我妻 榮 동경대학 명예교수였다.

참여원 제도를 도입하게 되었다. 1986년(昭和 61년)에는 법률시장 개방에 따른 외국변호사들에 대하여 일변련의 감독권으로부터 예외를 두려는 시도가 있기도 하였다. 한편 1983년의 松田소송과 1989년에 제기된 총회결의무효확인소송은 일변련 총회 결의가 일본 변호사법상 일변련의 설립목적을 벗어난 것이라고 다투는 사건이었다. 이로 말미암아 일변련의 활동에 대해서 사법부가 개입하게 될 우려에 처했으나 이 사건들은 일변련의 전부승소로 종결되었다. 현재까지도 일본의 변호사 자치에 대해서 문제를 제기하는 이들이 없는 것은 아니라고 한다.[45]

4. 영 국[46]

가. 변호사의 지위

영국의 변호사는 법정에서 변론을 할 수 있는 자격이 있는 barrister와 법정 변론 외의 법률 자문을 수행하는 solicitor로 나누어진다.[47]

barrister와 solicitor 모두 법과대학 혹은 이에 준하는 법학교육을 이수한 후에 전문연수기관(barrister의 경우 BPTC, solicitor의 경우 LPC)에서 연수를 받고서 지도 barrister 혹은 지도 soclicitor의 가이드 하에 일정 기간 교육훈련(이른바 training)을 받아야 한다. 평균적으로 법과대학부터 시작하여 full—time으로 전념하였다면 6년의 세월이 소요된다.

또한, barrister 또는 solicitor로서의 교육훈련을 받을 수 있는 기관에 입사하지 못한다면, 즉, pupillage(예비 barrister의 경우)나 trianing contract(예비 solicitor의 경우)를 제안하는 곳이 없다면 법과대학이나 전

---

45 이상은 高中正彦, 『弁護士法概説』(제4판), 삼성당, 2012, 14~17면 참조.
46 England와 Wales에 대한 것으로서 Scotland 및 Northern Island는 연구 대상에 포함하지 않았다.
47 barrister라고 해도 일정 기간의 경력이 없으면 법정에서의 변론권(the right of audience)이 인정되지 않으며, solicitor도 교육연수와 경력을 감안하여 법정에서 변론을 할 자격이 주어진다.

문연수기관에서의 성적이 아무리 좋다 하더라도 변호사가 될 수 없다. 그리고, 마지막으로 training을 완료하였다고 하더라도 barrister 단체 인 Bar Council이나 solicitor 단체인 Law Society의 최종 검증을 거쳐 야만 변호사로 등록하여 활동할 수 있다.

이렇게 고된 훈련 과정을 모두 마친 자들만 변호사로 등록되어 활 동할 수 있으며, barrister와 solicitor는 법률에 의해 그 활동자격을 인 정받는다.[48]

나. 변호사 등록 과정에 있어서의 자치성 정도

(1) barrister의 경우

barrister는 the General Council of the Bar(통상적으로 the Bar Council이라고 부른다)에 가입하여야만 활동할 수 있다.[49]

이는 현재로서는 법적으로도 명백한데, 영국의 경우는 역사적으로 도 특이성이 있다. 즉, 영국의 barrister와 Bar Council의 역사는 13세 기 무렵부터 찾아볼 수 있다. 웨스트민스터에는 13세기 후반 및 14세 기 초반에 common law 법정이 만들어졌고 이때부터 변호사들이 활 동을 시작하여 17세기부터 영국의 법정에서는 등록된 변호사(members of Inn)가 아니면 변론을 할 수 없도록 하였다.[50]

---

48 변호사의 구체적인 활동 영역에 대해서는 Legal Services Act 2007, Solicitors Act 1997 등을 참조.

49 the Courts and Legal Services Act.

50 이렇게 common law가 적용되는 법정에서 구두변론을 하는 변호사(advocate) 와 문서를 작성하는 변호사(attorney)들이 도제시스템과 같은 길드(guild)에 서 숙식과 공부를 함께 했다. 숙식과 공부를 함께 하였던 이러한 길드가 Inns of Court라 불리었으며, 오늘날까지도 Lincoln's Inn, Grays's Inn, Inner Temple, Middle Temple 등이 남아 있다. 이러한 Inns of Court에서는 원로 법조인들이 자신들의 실무적 경험을 바탕으로 변호사가 되려는 지원자들을 지도하고 훈련하였다. 그리고, 헨리 3세(재위 1216년~1272년)부터 이러한 변호 사 집단의 구성원들이 판사로 임명되는 법조일원주의 관행이 생겨났다. 16세기 무 렵에 법정변호사인 barrister(advocate은 barrister라고 불리게 되었다)와 사무변 호사인 attorney 간의 대립이 생기면서 attorney들은 Inns of Court에서 쫓겨나

현재 영국의 barrister는 Chamber에서 다른 barrister와 같이 일을 하거나 혼자서 활동할 수 있지만, the Bar Council에 반드시 등록하여야 한다.

the Bar Council은 등록신청자가 barrister가 되기 위한 모든 과정들을 이수하였는지를 심사한다. 해당 지원자의 업무 능력 및 윤리성에 대해서는 법과대학, Bar Course Aptitude Test(barrister가 되기에 적합한지를 보는 시험), the Bar Professional Training Course(BPTC, full-time인 경우 1년) 등을 통해서 이미 충분히 검증된 상태다. 그리고 이렇게 걸러진 최종 후보들 중에서 마지막으로 선배 barrister로부터 직접 지도훈련을 받는 pupillage 2년 과정을 통해서 충분히 교육받았는지를 확인한다.

이 과정에서 다른 외부 기관들이 관여하는 바는 없다. 선배 barrister가 자신의 후배 barrister의 자격함양을 지원하고 barrister로 구성된 변호사단체가 이를 확인하는 절차일 뿐이다.

(2) solicitor의 경우

영국에서 solicitor로 활동하기 위해서는 영국 solicitor 협회인 the Law Society로부터 자격을 확인받아 solicitor로 등록이 되어야 하며 실무를 할 수 있다는 자격요건을 인정받아야 한다.[51]

게 되었다. 그리고, 형평법(Law of Equity) 분야 사무변호사를 solicitor(solicitor들은 처음에는 주로 상속이나 유언집행을 다루었다고 한다)라고 불렸는데 common law와 형평법 법원이 합쳐지면서 모든 사무변호사를 attorney가 아닌 solicitor라고 부르게 되었다.

51 Solicitors Act 1974, Part I, Article 1 Qualifications for practising as solicitor.
No person shall be qualified as a solicitor unless —
   (a) he has been admitted as a solicitor, and
   (b) his name is on the roll, and
   (c) he has in force a certificate issued by the Society in accordance with the provisions of this Part authorising him to practise as a

그리고 solicitor 자격을 취득하고자 하는 자는 the Law Society 가 정한 교육 및 훈련과정을 이수하여야 한다.[52] 예컨대, 필수법학과목 이수는 물론, Legal Practice Course 과정을 2년(full-time의 경우) 이수한 후에, 로펌과 Training Contract를 체결하여 2년간 훈련과정을 거쳐야 한다.

solicitor가 되기 위한 LPC 과정에 등록하기 위해 지원자들은 변호사협회의 감독원(solicitors Regulation Authority)에 가입해야 하는데 그 순간부터 the Law Society의 자치규정 등을 적용받게 된다.

training contract 하에서 수습을 받는 자를 trainee-solicitor라고 부른다. trainee-solicitor의 업무는 지도 solicitor의 지도를 받게 되며 계속적으로 평가를 받는다. 2년의 training을 훌륭히 마친 trainee들은 지도 solicitor가 발부한 확인서를 첨부하여 the Law Society에 solicitor로 등록할 수 있다.

즉, barrister와 마찬가지로 solicitor 또한, solicitor를 양성하여 자격을 부여하고 적절한 연수를 받게하는 것은 solicitor들과 그들의 단체인 관련 협회가 주도권을 갖고 있다는 점이다.

다. 변호사 징계에서의 자치성 정도

(1) barrister의 경우 — the Bar Council

the Bar Council은 barrister의 직업적 업무행위에 관한 규율을 제정할 수 있으며 이를 효율적으로 집행할 수 있는 권한을 법률(the Courts and Legal Services Act 1990)로부터 부여받고 있다.

the Bar Council은 소속 barrister들의 교육연수, 그들에 대한 진정 또는 징계사안, 윤리 등에 대해 자율적으로 규정을 만들어 이를 집행할 수 있도록 되어 있다.

---

　　solicitor.
52 Solicitors Act 1974, Part Ⅰ, Article 2.

barrister에 대한 징계사안(변론, 소송, 법률자문 사안들)의 경우, Bar Council 내의 독립적 기구인 Bar Standards Board의 책임 하에 다루어진다. Legal Services Act 2007에 따라 Bar Standards Board가 회원들에게 요구하는 원칙은 6가지이다. 이는, 소속 회원들의 업무의 독립성, 성실성, 적정 수준의 업무처리, 의뢰인들의 이익 보호, 정의 실현을 위해 독립적으로 법원에 대한 의무 이행, 의뢰인들에 대한 비밀 준수로서, Bar Standards Board는 이러한 원칙들이 소속회원들에 의해 충실히 수행되도록 규율을 제정·집행하여야 한다.

barrister에 대한 진정이나 징계사안은 소속 Chamber에 제기하거나 the Bar Council에 제기하면 된다. the Bar Council에 제기된 사안은 일차적으로 Bar Standards Board 내부기관인 PCC에서 해당 barrister의 법률이나 윤리규범 위반 여부를 검토한다. PCC는 해당 사안을 기각하거나 barrister에게 징계를 내릴 수도 있다. 이 경우 징계받은 barrister는 3인으로 구성된 상소위원회(appeal panel)에 상소할 수 있다. 상소위원회는 the Council of the Inns of Court[53]의 감독을 받는 기구이다. 그리고 상소위원회는 해당 barrister가 받은 징계를 취소하거나 변경하는 권한이 있다.

해당 내용에 만족하지 못하는 진정인이나 의뢰인은 Legal Ombudsman에 문제를 다시 제기할 수 있다. Legal Ombudsman은 the Legal Services Act 2007에 의해 설립된 기구로서 변호사단체로부터 재정지원을 받아서 운영되나, 변호사단체, 정부기관이나 의회로부터 완전히 독립된 기관이다. Legal Ombudsman이 내린 결정을 수용하면 이는 최종적인 결정이 되나, Legal Ombudsman이 내리는 결정에 대해 해

---

53 the council of the Inns of Court는 1987. 1.에 the Bar Council을 비롯하여 barrister 소속 Inns의 집행부서, 상원(the Senate)이 의견을 모아 구성한 기구인데, 1990년에 the Courts and the Legal Services Act 1990에 따라 the Bar Council이 barrister에 대한 업무규율, 징계, 복지 등을 도맡게 되었다.

당 barrister는 법원에 항소할 수 있다.

(2) solicitor의 경우 — the Law Society

the Law Society 의 SRA(Solicitors Regulation Authority)[54]가 solicitor 의 징계를 담당한다. SRA는 Solicitors Act 1974, the Administration of Justice Act 1985, the Legal Services Act 2007에 따라 solicitor들의 업무에 대한 규율을 만들어 이를 집행한다.

SRA는 solicitor들에게 업무 수행에 대한 원칙 10가지를 제시하고 있다. 이 원칙(principle)은 동시에 code of conduct(윤리 강령)이다.

그 10가지의 내용을 소개하자면, "solicitor들은 법을 준수하여, 성실히 업무를 수행하되, 독립성이 훼손되어서는 아니되며, 의뢰인의 최선의 이익을 위하며, 의뢰인에게 적합한 법률서비스를 제공하고, 일반 공중의 신뢰를 유지할 수 있는 방법으로 업무를 수행하여야 하고, 변호사단체와 Legal Ombudsman이 요구하는 사항에 대해 공개적으로 시기적절하게 협조를 하여야 하고, solicitor들은 자신의 재무상태를 건전하고 효율적으로 운영하여야 하고, solicitor들은 자신의 사업을 영위함에 있어 기회 균등과 다양성 존중을 고양시킬 수 있어야 하며, 의뢰인들의 재산을 보호하여야 한다"는 것이다.

SRA는 solicitor의 징계사안이 있을 경우에 그에 상응하는 징계를 내릴 수 있다. SRA의 징계는 단순경고부터 업무정지까지 다양하다. 그리고, 징계에 불복하는 solicitor는 사안에 따라 Solicitors Disciplinary Tribunal 이나 High Court에 항소할 수 있다.

---

54 SRA는 the Law Society 관련 기구이지만, the Law Society와는 독립된 감독적인 역할을 수행한다. solicitor들은 매년 회원료를 SRA에 지불하고, SRA는 그 중 30%를 the Law Society에 지원한다.

라. 변호사단체의 법정단체 여부 및 입회·설립·기구조직·활동 에 있어서의 자치성 정도

(1) barrister의 경우 — the Bar Council

에드워드 1세(재위 1272~1307)시절부터 법정에서의 변호사들의 전문가적 행위에 대해서는 판사의 권한 아래 실질적으로 변호사단체(Inns)가 관리하였었다. 1894년에 the Bar Council이 설립되어 전문가적인 행동(professional etiquette)들에 대해 관리하기 시작하였다.

the Bar Council은 그 후 1974년에 관련 기구들과 합쳐졌다가, 1987년 1월에 a Council of the Inns of Court로 명칭된 독립된 기구로 재편되었다. 그리고 현재의 the Bar Council은 Courts and Legal Services Act 1990에 의해 barrister 단체로서 다시 독립되었다. 물론 the Bar Council은 법정단체이며, barrister로서의 업무를 수행하려면 the Bar Council의 소속 회원이어야 한다.

the Bar Council에는 본 연구보고서 집필 당시에는 115명의 barrister (선출되거나 Inns를 대표하는 등으로)가 업무를 보고 있는 것으로 조사되었다.[55] 선거는 매년 실시되며 선출된 회원들은 3년 동안 일을 한다. the Bar Council은 1년에 7번 정도 만나서 해당 직역이 직면한 사안에 대해 의논을 한다.

the Bar Council의 내부는 개별적인 committee로 구성이 되어 있고, committee는 한 달에 한 번 만나 맡은 업무에 대해 의논하고 the Bar Council을 대표한다. the Bar Council은 자체적으로 맡은 업무를 수행하며, 소속 회원들의 권익향상과 법치주의를 위해 존재함을 표방하고 있다.

(2) solicitor의 경우 — the Law Society

the Law Society 또한 법정단체이다(Solicitors Act 1974). the Law

---

55 http://www.barcouncil.org.uk/

Society에 가입한 solicitor만이 solicitor로서의 법률업무를 수행할 수 있다.

the Law Society에는 집행부(Council)가 있고, 집행부 구성원들은 선출직이다. 그리고 300여명 정도의 자원자로 이루어진 각종 위원회와 회의체가 있다. the Law Society 또한 자체적으로 맡은 업무를 수행하고 소속 회원들의 권익향상과 법치주의를 위해 존재한다는 것을 표방하고 있다.

마. 영국에 있어 특유한 제도 ─ the Legal Services Board

영국에서는 변호사와 유사직역의 문제, 법률서비스 시장의 전체적인 질적 개선 등을 위해 태스크포스 구성 후 the Legal Services Act 2007이 제정되었고, 해당 법률에 따라 the Legal Services Board가 만들어졌다.

the Legal Services Board는 법률시장의 전반적인 질적 개선과 법률소비자들의 만족도 제고 등을 목표로 만들어졌다. 정부나 의회로부터 완전히 독립된 기구로 조직되었고, 법조인이 아닌 사람들로 전부 구성이 된다.

the Legal Services Board는 the Bar Council, the Law Society 등 유관단체들로부터 재원을 받아 운영되며, 이들에 대한 전반적인 monitoring을 수행한다. 예컨대, solicitor 자격 취득자 중에서 현재 업무 수행 인가를 받은 solicitor의 숫자, barrister로서의 업무 수행 인가를 받은 숫자를 파악하고, 해당 직역(변호사뿐만 아니라 변호사 유사 직역 포함)에서의 법률소비자들의 만족도 등을 조사한다.

하지만, the Legal Services Act 2007은 the Legal Services Board에 대해 변호사들에 대한 진정이나 징계사안 등 개별적인 사안들에 대해 간섭할 수 없도록 명문으로 금지하고 있다. 변호사들과 관련된 개별 사안은 앞에서 검토한 대로 the Bar Council과 the Law Society가

담당한다.[56]

5. 시사점

이상에서 살펴본 바와 같이 외국의 경우는 국가마다 다소 그 정도가 다르기는 하지만, 대체로 우리보다 상당히 앞선 자치 수준에 도달하여 있음을 알 수 있었다. 일본은 변호사단체를 법정단체로 규율하면서도 가장 완전하게 변호사자치를 구현하고 있다. 변호사의 등록, 변호사법인의 설립과 활동, 변호사회 및 일변련의 조직과 활동, 변호사 징계 등에 있어서 변호사단체 이외의 외부기관이 관여하고 있지 않다.[57] 프랑스의 경우 변호사의 등록 과정은 변호사단체에 전속되어 있다. 고등법원에서 선서가 이루어지기는 하지만 이는 요식행위에 그친다. 변호사의 징계에 있어서도 1차적으로는 변호사단체가 규율하며 그에 대한 불복절차는 사법절차로 이어지게 된다. 프랑스는 우리의 대한변협과 같은 전국적 조직보다는 각 지방변호사회의 역할과 권한이 강력한 것이 매우 큰 특징이다. 변호사법인의 설립에 있어서도 변호사단체가 자율적으로 관리하되 문제가 있는 경우에는 고등검사장이 고등법원에 이의를 제기할 수 있도록 함으로써 공익과의 조화를 도모하고 있는 것이 특징이다. 영국은 소정의 교육과 변호사회의 인증을 거쳐 변호사가 될 수 있다. 국가기관은 관여하지 않는다. 변호사에 대한 징계 역시 변호사단체가 자율적으로 처리하나 Legal Ombudsman에 의한 견제를 두고 있다. Legal Ombudsman의 결정에 대한 불복은 사법절차로 진행된다. 변호사단체에 대해서도 국가기관이 직접적으로 관여하는 제도는 존재하지 않는다. 독일은 변호사단체가 각 주 사법

---

56 http://www.legalservicesboard.org.uk/
57 일변련 변호사징계위원회의 위원은 비법조인으로만 구성하도록 되어 있으나, 이들이 권력기관을 대표하는 이들이 아닌 이상 이를 가지고 변호사단체에 외부세력이 관여한다고 평가할 수는 없을 것이다.

행정기관이나 연방 법무부장관의 감독 하에 있다는 점에서 형식상으로는 우리 변호사법의 체제와 유사한 측면이 있다. 그러나 독일의 변호사는 사법조직의 하나로 취급되고 있고, 이러한 공적 지위에 있는 변호사와 국가를 매개하는 관리 업무를 변호사회가 담당하고 있다는 점에서 변호사회는 국가기관과 유사한 지위에 있다고 할 수 있다. 이러한 체제 하에서 변호사나 변호사단체에 대하여 국가가 일정 부분 관여하는 형식을 취하더라도 이는 우리 변호사법상 법무부장관의 관여와는 차원을 달리하는 것이다. 한편 이렇듯 변호사의 자격인가에 관해서는 주나 연방 법무부장관이 관여하는 것이 허용되고 있음에도 중요한 변호사의 징계에 관해서는 변호사회 내에 별도의 조직을 두어 제1심을 규율하도록 하면서 그에 대한 불복절차는 법원의 사법심사를 받도록 하고 있다는 점에서 우리의 변호사징계 체제와는 현저한 차이를 보이고 있다고 할 수 있다. 법무법인 등의 설립과 활동에 있어서도 변호사단체에 의한 자율적인 규율이 이루어지고 있다. 이상에서 알 수 있듯이 독일에서 주 사법행정기관이나 연방 법무부장관이 관여하는 경우는 변호사의 자격 관리에 관한 제도적 측면에 국한되고, 변호사나 변호사단체의 활동 자체에 실질적으로 관여하는 것은 아니라고 할 것이다.

　이를 종합하면 일반적으로 사법선진국으로 분류할 수 있는 외국의 경우에는 우리나라의 경우보다 변호사단체의 자치성이 훨씬 높은 수준으로 보장되고 있음을 알 수 있다. 일본과 같이 변호사단체에 거의 완전한 자치성을 보장하는 수준부터 일정 부분 국가기관이 관여하기는 하지만, 그 관여는 결국 독립한 법원에 의한 사법절차를 진행하기 위한 관여 정도에 그치는 수준이라는 점에서 우리나라 변호사단체의 자치성 확보를 위해 지향해야 할 수준이 어느 정도여야 하는가를 잘 제시해 주고 있다고 할 수 있다.

Ⅳ. 우리 변호사법상 자치성 개선방안

1. 자치성 개선의 필요성

지금까지 변호사단체의 자치성이 왜 필요한가에 관하여 살펴보면서 변호사단체에 자치성이 보장되어야 할 이유는 변호사단체로 하여금 변호사들이 그 기본적 사명을 충실하게 수행하도록 보호하고 지원하기 위함에 있다고 보았다. 변호사의 사명은 정의를 실현하고 인권을 옹호하는 것이라고 할 수 있다. 우리 변호사법 제1조는 이러한 취지를 명확하게 선언하고 있고, 다른 외국의 변호사법제도 정도의 차이는 있을지언정 우리 변호사법과 마찬가지 태도를 취하고 있다. 이렇듯 사회 정의와 인권옹호를 위한 변호사의 활동은 본질적으로 권력과의 충돌을 피할 수 없게 한다. 이때 변호사를 보호할 수 있는 울타리가 될 수 있는 존재가 바로 변호사단체인 것이다. 변호사단체의 자치성이 강하게 보장되어야 하는 이유는 바로 여기에 있다.58 일본의 경우를 보더라도 1893년(明治 26년)의 旧々변호사법부터 1956년(昭和 8년)의 旧 변호사법에 이르기까지는 사법대신이나 소속 지방검찰청 검사장 및 항소법원(控訴法院) 등 외부에서 변호사회를 감독하고 변호사에 대한 징계를 명할 수 있도록 되어 있었으나, 종전 이후 새로운 변호사제도를 마련하면서 변호사단체의 완전한 자치를 실시하게 되었다. 그 과정에서 최고재판소와 법무총재(현재의 법무대신)가 서로 감독권을 행사해야 한다고 경쟁하였으나, 변호사단체의 자치를 보장하는 현재의 제도로 귀결되었고 이 과정에서 중의원이 중요한 역할을 하였다.59 이러한 일본 변호사단체의 자치권 획득 역사는 우리 변호사단체의 자치권 확장에 중요한 참고가 된다고 할 수 있다.

다음으로, 그러한 자치성의 수준을 평가할 수 있는 지표로는 어떤 요소들이 있는가를 살펴보면서, ① 변호사의 등록과 입회에 있어서 외부의 관여 정도, ② 법무법인 등의 조직과 활동 규율에 관한 외부의 관여 정도, ③ 지방변호사회와 대한변협의 조직과 활동에 있어서 외부의 관여 정도, ④ 변호사의 징계와 관련하여 외부의 관여 정도 등 크게 네 가지를 변호사단체의 자치성 보장의 수준을 가늠할 수 있는 지표로 제시하였다.

변호사단체의 자치성 지표에 관한 우리 변호사법의 태도와 외국의 그것을 비교하여 보면 상당한 차이가 있음을 알 수 있었다. 우리

---

58 우리와 가장 유사한 변호사제도를 보유하고 있다고 평가되는 일본의 경우, 변호사자치의 논거로는 '① 변호사의 기본 사명인 사회정의와 인권옹호의 실천에 필요하다. ② 법치국가의 관건인 재판권의 적정한 행사를 위해서 필요하다. ③ 권력분립의 측면에서 소추권을 검찰이 행사하는 것에 대응하여 변호인이 피소추자의 권리를 옹호하기 위해서 필요하다.'라고 설명하고 있는데[高中正彦, 『弁護士法概説』(제4판), 삼성당, 2012, 13~14면], 이 연구에서 취하는 입장과 실질적으로 동일한 입장이라고 할 수 있다.
59 高中正彦, 전게서, 14~18면 참조.

변호사법은 변호사의 등록과 그 취소에 있어서 법무부장관에게 등록명령과 등록취소명령 등 매우 강력한 권한을 부여하고 있으며, 등록심사에 관한 권한도 법무부 등록심사위원회가 최종적인 심사권을 보유함으로써 변호사단체의 자율적 심사기능을 저해하고 있다. 법무법인 등의 설립과 활동에 있어서도 일반 법인과 달리 법무부장관이 설립 인가권을 보유하며 법무법인 등에 법무부장관에 대한 각종 신고의무를 부여함으로써 법무법인 등의 자율적인 활동이나 이에 대한 지방변호사회 및 대한변협의 규율에 제한을 가하고 있다. 지방변호사회나 대한변협에 대한 법무부장관의 감독권은 그 감독권이 일반적으로 국가기관의 보충적 관리가 필요하다는 안전장치 정도의 의미로 작용하는 한계 내에서는 외국의 제도에 비교하여 크게 손색이 없다고 할 수 있으나, 만일 그 관리가 실질적이고 구체적인 정도의 감독으로 나타나게 된다면 자치성에 대한 심각한 위협이 될 수 있다. 마지막으로 변호사의 징계에 관한 한 우리 변호사법은 변호사단체의 자율성을 매우 심각하게 훼손하고 있다. 서울중앙지방검찰청 검사장의 징계개시 신청을 대한변협이 거부하자 이를 법무부 변호사징계위원회가 번복하여 징계개시를 결정한 최근의 사례에서 볼 수 있듯이 법무부 변호사징계위원회의 권한은 대한변협 변호사징계위원회의 권한을 능가하는 것으로서, 국가권력이 마음만 먹는다면 언제든지 변호사에 대하여 탄압을 개시할 수 있게 하는 통로가 되고 있는 것이다. 이러한 사정들을 종합해 볼 때, 우리 변호사법상 변호사단체의 자치성은 위에서 살펴본 선진 외국의 경우에 비하여 상당히 뒤떨어진다고 하지 않을 수 없다.

우리 변호사의 수준이 외국 변호사의 수준에 비하여 뒤떨어지기 때문에 그러한 타율성을 수인하여야 한다고 볼 근거는 어디에도 없다. 오히려 세간의 평가는 외부의 관여보다는 변호사단체의 자체적인 개혁의지와 역량을 매우 높게 평가하고 있는 분위기이기도 하다.[60] 또 변호사의 등록 심사와 관련하여 변호사들로만 구성된 지방변호사회 심사위원회의 심사 결과와 변호사가 아닌 위원들이 과반수를 점하는 대한변협 등록심사위원회의 심사 결과를 비교하여 보더라도 지방변호사회 심사위원회의 심사 결과가 훨씬 더 국민적 지지를 얻고 있다는 점도 변호사단체의 자치역량이 충분히 성숙하였다고 볼 수 있는 근거가 된다. 변호사의 자치에 관한 한 가장 높은 수준의 보장을 받고 있는 일본의 변호사나 변호사단체의 수준과 비교하여 볼 때, 우리의 변호사나 변호사단체가 결코 그에 뒤지지 않는다고 자부할 수 있는 것이다.

이처럼 변호사단체의 자치역량이 성숙해졌다면 이제, 우리 변호사법이 변호사들로 하여금 그 기본적 사명인 사회정의의 실현과 인권옹호에 매진할 수 있도록 변호사단체의 자치성을 충실하게 보장할 수 있는 방안들은 어떤 내용들을 담아야 할 것인지 그 방향을 모색해 볼 순서가 되었다.

2. 변호사 등록 관련 자치성 강화방안

가. 지방변호사회의 실질적 등록심사권 보장

변호사 등록제도와 관련하여 지방변호사회의 실질적인 심사권을 보장할 필요가 있다. 일본 변호사법의 내용을 거의 그대로 답습하고 있는 우리 변호사법은 유독 지방변호사회의 등록심사권을 인정하지 않고 이를 대한변협에만 귀속시키면서 그 위에 법무부장관의 등록명령권과 등록취소명령권을 두어 변호사단체의 자치성을 심각하게 훼손하고 있다. 우리 변호사법의 연혁을 살펴보면 지방변호사회가 주축이 되어 대한변협을 설립하였고, 변호사법도 제79조에서 이러한 연혁을

---

60 이광수, "전관예우 차단을 위한 제도개선방안의 모색", 2015. 9. 9. 서울지방변호사회 심포지엄 주제발표문, 21~22면 참조.

반영하였을 뿐만 아니라, 대한변협의 장래 활동(회칙을 개정하고자 하는 경우) 역시 지방변호사회의 의사를 반영하도록 하고 있다.[61] 그럼에도 불구하고 변호사의 등록이나 징계 등 다른 절차에 있어서는 지방변호사회의 지위를 유명무실하게 취급함으로써 일관성 없는 태도를 취하고 있는 것이 우리 변호사법의 모습이다.

　특히 변호사의 등록과 관련하여, 순수하게 변호사들로만 조직되어 있는 지방변호사회의 심사위원회와 변호사가 아닌 외부 인사들이 과반수를 차지하는 대한변협 등록심사위원회의 등록심사 실태를 보면 문제점이 더욱 분명하게 드러난다. 최근 문제가 된 사례를 예로 들어 보면 이와 같다. 검사장 재직 시절 민간업자로부터 성접대를 받은 것이 문제가 되어 퇴직 후 변호사등록을 신청한 사안에서 서울지방변호사회는 이 문제는 단순히 성범죄 차원이 아니라 직무관련성 여부를 살펴서 뇌물죄의 성립 여부를 문제 삼았어야 할 사안이었음에도 불구하고 이에 이르지 아니한 검찰청의 불기소처분이 문제가 있음을 지적하고 등록거부의견을 개진하였음에도, 대한변협 등록심사위원회는 개정 전 변호사법을 적용하면 단순 성범죄는 직무관련성이 없으므로 등록거부사유에 해당하지 않는다는 전혀 동떨어진 이유로 등록을 허용하였다. 민간업자로부터 향응을 제공받았는지 여부가 문제가 되었음에도 검찰에서 징계처분에 착수하지 않고 있는 사이에 사직서가 수리되어 퇴직한 후 변호사자격등록을 신청한 또 다른 사안에서도 지방변호사회는 등록부적격 의견을 개진하였으나 대한변협 등록심사위원회는 등

---

61 참고로, 일본 변호사법은 우리 변호사법 제79조와 같은 규정을 두고 있지 아니하다. 비록 연혁적으로는 일변련 역시 변호사회들이 설립하였다는 유사점이 있으나, 일본은 우리 변호사법의 제79조와 같은 규정을 두지 않음으로써, 일변련과 각 변호사회의 관계는 우리의 대한변협과 각 지방변호사회의 관계와는 다른 위상을 갖고 있다고 할 수 있다. 이런 이유에서 지방변호사회와 대한변협 사이의 위상을 논함에 있어서 일본 변호사법을 참고하는 경우에는 우리 법제와의 차이점을 고려할 필요가 있다.

록을 허용하였다. 이러한 대한변협 등록심사위원회의 태도에 대해 엄청난 비난이 가해진 점을 볼 때, 지방변호사회의 등록심사권을 실질화하는 것이 변호사 및 변호사단체에 대한 사회적 신뢰를 확보하는 데 매우 중요한 관건이 된다고 할 수 있다. 공무원으로 재직 중 범죄행위나 비위행위를 저지르고도 도마뱀 꼬리자르기 식으로 슬그머니 퇴직한 후 변호사로 개업하고 전관예우라는 불법에 편승하여 엄청난 금전적 이득을 취하는 부패의 악순환을 끊어내기 위한 개혁의 첫 걸음이 바로 지방변호사회에 실질적 등록심사권을 부여하는 방안이다. 지방변호사회가 실질적으로 등록심사권을 행사하게 된다면 법무부가 관여하는 등록심사제도는 더 이상 유지할 필요가 없게 된다.

나. 등록심사위원회의 구성 수정

등록심사위원회의 구성에 있어서도 법원이나 법무부·검찰에서 변호사의 등록에 관여하는 현행 제도의 적정성에 대한 근본적 검토가 필요하다. 앞에서 든 예와 같이 법원이나 법무부·검찰에서 파견된 위원들이 자기 기관 출신의 변호사 등록신청자들에게 온정적인 태도를 취하는 이상, 사회적으로 지탄을 받아 변호사에 대한 신뢰를 실추시키는 이들의 변호사등록을 막을 방법이 없어지게 되기 때문이다. 구조적으로도 변호사의 등록 여부에 관하여 분쟁이 발생할 경우 그 분쟁의 최종적 해결기관은 사법부가 되어야 하는데, 법원에서 파견된 위원들이 관여한 결정을 다시 법원에서 판단한다는 것은 대단히 이상한 구조라는 점을 지적할 수 있다.

법원이나 법무부·검찰 위원들을 등록심사위원회에서 배제할 경우 고려할 수 있는 방안은 몇 가지가 있다. 물론 어느 방안에 의하더라도 등록이 거부된 경우에 등록을 신청했던 자가 행정법원에 제소하는 권리는 당연히 보장되어야 한다. 어떠한 방안 하에서도 최종적인 수단으로 사법적 권리구제의 기회가 부여되어야 하는 것은 헌법적 요청이기 때문이다.

(1) 지방변호사회와 대한변협 등록심사위원회를 변호사들로만 구성 하는 방안

이 방안은 등록심사위원회의 위원은 지방변호사회와 대한변협 모두 변호사들로만 구성하는 방안이다. 변호사의 등록심사에 관하여 외부의 관여를 일체 허용하지 않는다는 점에서 아래 (2)의 방안과 차이가 있다. 이 방안의 논거는 위에서 지적한 것처럼 외부 위원들이 관여하는 등록심사의 결과가 변호사들만 관여하는 등록심사의 결과보다 더 반동적이라는 점과, 변호사로 직무를 수행하게 할 것인가 여부에 관한 판단은 변호사들이 가장 정확하게 할 수 있으리라는 점이다.

그러나 이 방안에 대해서는 변호사단체의 등록심사 권한을 견제할 수 있는 아무런 장치가 없는 점 및 만일 변호사단체가 등록심사에 관한 권한을 자의적으로 행사하여 변호사 직무수행 부적격자의 등록을 받아준 경우에는 이를 시정할 방법이 없다는 점, 변호사단체의 자치성 강조가 자칫 직역이기주의로 매도되어 오히려 자치성 확보에 걸림돌로 작용할 우려가 있다는 점 등의 반대론이 있다.

(2) 지방변호사회와 대한변협에 변호사들로만 구성된 등록심사위원 회를 두되 법무부장관에게 등록에 관한 제소권을 허용하는 방안

이 방안은 위 (1)의 방안에 법무부장관의 등록에 관한 제소권을 부여하여, 변호사단체의 등록이나 등록거부가 부당하다고 판단하는 경우에 법무부장관이 이를 법원에 제소할 수 있도록 하는 방안으로서 위 (1)의 방안에 대한 문제점으로 지적되는 변호사단체의 자의적 등록심사권한 행사에 대한 견제장치로서 공익을 대표하는 법무부장관으로 하여금 부당한 등록이나 부당한 등록거부에 대하여 법원에 제소하여 이를 시정할 수 있도록 하는 것이다.

(3) 지방변호사회와 대한변협 등록심사위원회의 차별적 구성방안

이 방안은 지방변호사회의 등록심사위원회는 변호사들로 구성하고, 대한변협의 등록심사위원회는 비변호사인 민간위원들이 과반수[62]를 구성하는 형태로 차별적으로 구성하는 방안이다. 그 논거는 법원이나 국가기관의 권한행사에 있어서 민간위원들이 과반수 참여하는 위원회 방식으로 그 권한 행사를 견제하는 것이 일반적으로 지지를 얻는 방안이라면, 변호사단체에 부여한 독점적 등록심사권한의 행사 역시 민간위원들에 의한 견제가 필요하다는 것이다. 이 민간위원들은 영국의 Legal Ombudsman과 유사한 지위를 갖는다고 볼 수도 있다. 이 방안에서도 위 (2)와 마찬가지로 법무부장관의 제소권을 배제하지 않는다.

이 방안에 대해서는 민간위원들이 변호사의 적격 여부를 판단하기에 충분한 지식이나 경험을 갖고 있지 않은 경우에는 심사가 형해화될 우려가 있다는 점이 문제점으로 지적된다. 앞에서 본 것처럼 외부위원이 관여하는 등록심사의 문제점이 이 방안에도 그대로 나타날 수 있다는 것이다.

(4) 소 결

위 세 가지 방안은 나름의 장단점을 가지고 있으므로 이 보고서에서 어느 하나의 방안을 선택하지는 않기로 하였다. 다만 ① 변호사의 등록심사는 지방변호사회와 대한변협으로 전속시키고, ② 등록이 거부된 당사자에게 행정법원 제소권을 인정하며, ③ 법무부장관에게 등록 또는 등록거부를 다툴 수 있는 제소권을 부여하는 것에 대해서는 대체적인 의견의 접근을 보았다. 이는 변호사단체의 자치성을 보장받으면서 그에 대한 외부의 의구심을 해소시킬 수 있는 최소한의 안전장치라고 할 수 있기 때문이다. 이러한 방안들의 선택적 시행과 더불어 부수

---

62 또는 대한변협 등록심사위원회는 전원 민간위원으로 구성하는 방안도 여기에 포함될 수 있다.

적으로는 등록심사위원회의 회의결과를 공개하는 것도 등록심사의 적
정성을 도모할 수 있는 좋은 방편이 될 수 있을 것이다.[63]

다. 등록거부사유의 보완

등록거부사유에 있어서도 일본의 변호사법에서 등록거부사유 중
가장 첫 번째로 들고 있는 '변호사회의 질서 또는 신용을 해칠 우려'라
는 일반적인 등록거부사유를 도입할 필요가 있다. 이러한 일반적 등록
거부사유는 자칫 변호사단체의 자의적인 등록거부를 초래할 수 있다
는 비판이 제기될 수 있는 불확정적 요소를 포함하고 있는 것이 사실
이다. 그러나 변호사단체가 그와 같이 자의적인 등록거부를 자행하게
된다면 사회적 여론의 거센 비난에 직면하게 될 것이고, 국회의 법률
개정으로 변호사단체에 부여된 등록심사의 자치권이 박탈될 가능성이
높아지게 되는 원인이 될 것이라는 점에서 그다지 설득력 있는 반대
논거가 될 수 없다고 할 것이다. 오히려 이와 같은 탄력적인 등록거부
사유를 규정함으로써, 법원이나 검찰에서 꼬리자르기 식으로 퇴직한
후 변호사로 등록하려는 시도를 근원적으로 차단할 수 있게 될 것이라
는 점에서 등록거부사유의 개정은 매우 시급한 과제라고 할 것이다.

3. 법무법인 등의 설립 및 활동에 있어서의 자치성 강화방안

법무법인 등의 설립 및 정관 변경·조직 변경 등과 관련한 법무부
장관의 인가권이나 인가취소권 및 사무소 이전·해산 등에 있어서의
법무부장관에 대한 신고의무 등 자율성을 침해하는 제 규정들도 존치
할 이유가 없다. 법무법인 등의 본질이 회사법상 회사에 해당하는 이

---

63 대한변협의 변호사등록업무 담당 관계자들은 마땅히 등록을 거부하여야 할
　　사안에 있어서도 등록심사위원회에 관여하는 외부위원들이 등록을 허용하여
　　야 한다는 입장을 취하는 바람에 사회적으로 비난받는 이들의 등록이 여과
　　없이 이루어지고 있다고 한다. 이 문제는 등록심사위원회의 회의 결과를 공
　　개하게 된다면 얼마든지 검증이 가능한 문제라고 할 것이다.

상, 그 설립목적인 변호사의 업무를 조직적·전문적으로 수행할 필요성에 입각하여 변호사법에 몇 가지 특칙을 규정하는 외에는 상법 회사편의 규정을 준용하는 것이 올바른 법체계라고 할 수 있다. 그리고 변호사의 업무를 조직적·전문적으로 수행함에 있어서 법무부장관의 인가권이나 법무부장관에 대한 신고의무는 오히려 변호사 업무의 수행에 장애를 초래할 수 있는 요소라는 점에서 조속히 삭제되어야 할 규정들이라고 할 수 있다. 필요한 경우 위 등록심사에 관한 항목에서 고려하였던, 법무부장관에게 제소권을 부여하는 방안은 긍정적으로 고려할 수 있을 것이다.

4. 변호사단체의 설립 및 활동에 있어서의 자치성 강화방안

대한변협이나 지방변호사회의 설립 및 회칙 변경 등에 관한 법무부장관의 인가권 역시 폐지되어야 한다. 대한변협과 지방변호사회 총회의 결의 보고의무 및 이에 대한 법무부장관의 취소권 역시 마찬가지이다. 법무부장관이 대한변협과 지방변호사회의 설립이나 활동에 관여하여야 할 아무런 이유가 없다. 이는 지방변호사회의 전신인 변호사회의 총회에 법무부장관의 임석권(臨席權)을 보장하던 전근대적 관념의 잔재에 불과하다. 이 부분에도 필요한 경우 앞의 등록심사에 관한 항목에서 고려하였던 법무부장관에게 제소권을 부여하는 방안은 긍정적으로 고려할 수 있을 것이다.

5. 변호사 징계제도에 있어서의 자치성 강화방안

가. 징계절차의 자주적 개편

변호사의 징계에 관한 법무부의 관여는, 위에서 살펴본 최근 사례에서 알 수 있듯이, 가장 심각한 변호사단체의 자치성 침해요소라고할 수 있다. 비록 법무부장관이 직접적으로 징계권을 행사하는 것은 아니고, 법무부와 검찰 측 위원이 아닌 위원들이 과반수를 점하는 위원회에서 징계의결을 하는 절차를 취함으로써 형식상으로는 대한변협 변호사징계위원회와 그 구성에 있어서 별다른 차이가 없다고 할 수 있음에도 그 운영 실태에 있어서는 위와 같이 현격한 차이를 보이고 있다는 점에서, 법무부 소속의 외부 위원회가 변호사에 대한 징계에 관여하는 제도는 바람직하지 않다고 할 것이다. 이 문제도 지방변호사회의 징계위원회가 1차로 징계심의권을 행사하고, 대한변협의 징계위원회가 2차 징계심의권을 행사하는 구조로 개선할 필요가 있다.

나. 징계위원회의 구성 개편과 징계의결의 공개

징계위원회의 구성 개편 역시 등록심사위원회의 구성과 마찬가지로 ① 현행과 같이 법원, 검찰, 사회인사, 변호사들을 혼합하여 구성하는 방안과 ② 변호사들로만 구성하는 방안을 고려할 수 있고, 혼합구성 방안의 경우에도 법원이나 검찰 위원을 허용할 것인지 여부 및 비(非)법조 위원을 과반수로 할 것인지 혹은 적어도 대한변협의 징계위원회는 비법조인만으로 구성할 것인지 여부에 관하여는 관점이 다를 수 있다. 이에 관한 논의는 앞에서 등록심사위원회의 구성에 관하여 논의한 내용이 그대로 적용될 수 있다. 정리하자면 법원이나 검찰 위원이 관여하는 것은 적절하지 않으며, 비법조인의 관여 정도는 정책적으로 고려하되, 적어도 법무부장관에게 변협징계위원회의 결정에 대한 제소권한을 인정할 필요가 있다는 것이다. 어느 방안을 선택하든지 징계위원회의 징계의결 역시 의결 직후에 의사록을 공개하도록 함으로써 징계절차의 투명성과 적정성을 담보할 필요가 있을 것이다.

6. 변호사단체 내부의 자기통제 강화 필요성

변호사단체가 외부에 대하여 변호사단체의 자치성을 보장하도록 요구하기 위해서는 엄격한 자기통제를 통하여 사회적 신뢰를 공고하게 할 필요가 있다. 아직까지도 일각에서는 변호사단체가 소속 회원들을 감싸고 보호하는 데에만 앞장서고 있다는 의구심을 갖고 있다. 이러한 의구심 중 변호사의 등록이나 징계와 관련해서 제기되는 의문은 해당 위원회의 구성 자체에 문제(외부위원 문제)가 있다는 점을 간과한 것이므로 위에서 제시한 개편방안을 통해 오해를 불식시킬 수 있을 것이다. 그러나 그러한 개편에 수반해서 변호사단체가 스스로 변호사의 전문직업성과 사회적 신뢰에 부합하는 윤리규범을 정립하고 그에 위반하는 업무행태에 대해서는 징계청구 등 엄격한 제재를 부과할 필요가 있다. 아울러 소속 회원들에 대한 연수 프로그램에 변호사법과 윤리규약에 대한 충실한 교육프로그램을 포함시킬 필요가 있다.

　　최근의 상황을 보면 이러한 변호사법 및 윤리규약에 대한 교육이 얼마나 중요한 것인지, 그럼에도 불구하고 얼마나 소홀하게 취급되어 왔는지 여실히 보여주는 사태가 있었다. 그것은 변호사법 제38조 겸직허가와 관련한 문제이다. 발단은 고위 공직에서 퇴직하고 변호사로 개업한 이들이 변호사법에 따른 겸직허가를 받지 않은 채 수년간 사외이사를 겸직하여 왔다는 것이었다. 그런데 이 문제를 검토하는 과정에서 고위 공직 출신 변호사들뿐만 아니라 상당수의 변호사들이 영리업무 겸직과 관련하여 소속 지방변호사회로부터 겸직허가를 받아야 한다는 사실을 모른 채 지내오고 있다는 사실이 확인되었다. 변호사법 제38조는 최근에 새로 신설된 조항이 아니라 변호사법 제정 당시부터 지금까지 줄곧 같은 형태를 유지해 온 조문이라는 점에서 변호사들이 이 조항의 존재를 모르고 있다는 사실은 그동안 변호사단체의 연수 프로그램에서 중요한 부분이 간과되어 왔다는 것을 의미한다. 변호사단체의 회규를 정비해서라도 변호사의 연수 프로그램에는 적어도 1년에 1회 이상 의무적으로 변호사법과 변호사윤리규약에 관한 교육 프로그램이 포함되도록 할 필요가 있다. 현재에도 법조윤리에 관한 과목이 연수과

목에 포함되도록 법정화되어 있기는 하지만, 그 법조윤리 연수 내용이 변호사법이나 변호사윤리규약에 관한 내용을 직접적으로 다루지 않고 있는 경우가 상당하다는 문제점이 있으므로 이에 대한 개선이 필요하다.

이해관계의 충돌을 회피하기 위하여 사건의 수임을 제한하는 변호사윤리규약 제22조 제2항 역시 2016. 2. 29.의 개정으로 종전보다 수임제한의 범위를 좁힘으로써 이해관계 충돌의 여지를 넓혔다는 비판을 받고 있다. 개정 전에는 "변호사는 위임사무가 종료된 경우에도 종전 사건과 실질적으로 동일하거나 본질적으로 관련된 사건에서 대립되는 당사자로부터 사건을 수임하지 아니한다. 다만, 종전 사건과 실질적으로 동일하지 않고 종전 의뢰인이 양해한 경우에는 그러하지 아니하다."는 내용이어서, 종전 사건과 실질적으로 동일하지 않더라도 본질적인 관련성이 인정되는 사건을 수임하는 경우에는 종전 의뢰인의 양해를 받아야만 수임할 수 있도록 되어 있었는데, 위 개정으로 종전 사건과 실질적으로 동일한 사건[64]에 대해서만 수임이 제한되는 것으로 변경된 것이다. 수임제한의 범주가 좁아진다는 것은, 국민들의 관점에서는 납득할 수 없는 상황이 초래될 우려가 그만큼 커지게 됨을 의미한다. 그러한 상황이 자주 발생하면 할수록 국민들은 변호사단체를 불신하게 될 것이다. 회원들의 폭넓은 의견수렴 절차도 거치지 않은 성급한 개정은, 변호사단체의 장을 직접선거방식으로 선출할 수 있는 것으로 변호사법과 회규가 개정되면서, 변호사에 대한 사회적 신뢰보다는 다수 회원들의 지지가 더 중요한 것으로 여겨지는 세태가 확립

---

64 물론 개정된 윤리규약의 문언인 '종전 사건과 기초가 된 분쟁의 실체가 동일한 사건'의 의미를 종전 사건과 본질적 관련성이 있는 사건에까지 미치는 것으로 해석할 수도 있겠으나, 이는 문언에 반하는 확장해석이라는 문제가 발생한다. 현재 대한변협의 입장 역시 본질적 관련성만 인정되는 경우는 '종전 사건과 기초가 된 분쟁의 실체가 동일한 사건'에 해당하지 않는 것으로 보고 있다.

되는 것이 아닌가 하는 염려를 갖게 한다. 이 부분은 제도 자체의 문제보다는 제도를 운영하는 변호사단체 집행부의 인식 전환이 필요한 부분이라고 할 것이다.

V. 결 론

　지금까지 변호사와 변호사단체에 자치성이 필요한 이유가 무엇인가에 대한 문제제기를 시작으로, 현행 변호사법상 변호사와 변호사단체의 자치성은 어떻게 구현되고 있는가를 살펴보면서 그 개선방안을 모색하기 위하여 우리보다 훨씬 앞서 변호사 제도를 시행하고 있는 외국의 사례들을 검토하고 이를 참고하여 우리 변호사와 변호사단체의 자치성이 어떻게 구현되어야 하는지 그 방향을 살펴보았다. 우리 변호사법의 개정 과정을 통하여 우리 변호사와 변호사단체의 자치성은 일정한 방향성을 가지고 발전해 온 것이 아니라 그때그때의 외부 세력의 의사에 따라 부침을 겪어 왔음을 확인하였고, 변호사단체의 자치성은 변호사단체의 이익을 위한 것이 아니라, 대한민국 헌법의 기본원리라고 할 수 있는 자유민주주의와 법치주의를 구성하는 사법제도의 한 축을 이루고 있을 뿐만 아니라, 국가권력이나 사회거대세력으로부터 국민의 자유와 권리를 수호하는 것을 기본 사명으로 하는 변호사들이 그 사명을 제대로 수행할 수 있도록 관리하고 격려하기 위해서 반드시 필요한 제도적 장치라는 점에서, 변호사와 변호사단체의 자치성은 더욱 강화되는 쪽으로 방향성을 가져야 할 것임을 살펴보았다. 이미 우리보다 상당 기간 앞서 변호사제도를 시행하고 발전시켜 온 독일, 프랑스, 일본, 영국 등 외국의 체제를 살펴보더라도 우리의 경우처럼 변호사단체를 국가기관의 예속 하에 두고 있는 예는 찾아볼 수 없었다. 일본처럼 거의 완전한 수준의 자치를 실현하고 있는 경우도 있었을 뿐만 아니라, 형식상으로는 국가기관의 관여가 허용되고 있는 것처럼 보이더라도 그 실체를 들여다보면, 국가기관에 대하여 문제를 제기할 수 있는 권한만을 부여하고 그에 대한 해결절차는 독립적인 법원에 의해 진행되는 재판절차에 의하도록 하거나(프랑스), Legal Ombudsman이라는 민간 지위를 두어 변호사단체를 견제하도록 하면서도 그에 관한 해결절차는 결국 독립적인 법원의 재판절차로 대처하고 있어(영국), 국가기관 등 외부의 관여는 최소한에 그치고 있음을 알 수 있다. 독일의 경우는 이들 국가들보다 국가나 주 정부의 관여 정도가 다소 강한 것처럼 보이나 그 관여 대상이 형식적·기술적인 사항들에 그치고 실체적인 문제는 모두 법원의 재판절차로 해결하고 있다는 점에서 앞의 국가들의 경우와 별반 다르지 않다고 할 수 있다.

　이런 결과를 토대로 할 때, 변호사 및 변호사회의 변호사에 대한 관리권, 법무법인 등 변호사의 활동을 조직적·전문적으로 수행하기 위한 조직의 설립 및 등록과 활동, 변호사에 대한 징계에 있어서 변호사단체의 지위와 역할 등에 있어서 우리 변호사법은 많은 부분 개선이 필요하다. 그러한 과정에서 만일 변호사단체의 온전한 자치권 행사에 일말의 의구심이라도 있다면, 국가기관을 대표하는 법무부장관이 변호사단체의 자치권 행사를 견제하여 독립적인 법원의 사법절차에 따라 시비를 가릴 수 있는 제도적 장치를 마련하는 것도 수용할 수 있다는 것이 이 연구의 결론이다.

그러나 변호사와 변호사단체의 자치는 국민의 이해와 지지가 뒷받침되어야만 비로소 달성할 수 있는 이념이다. 이를 위해서는 변호사와 변호사단체 스스로 엄정한 내부기강을 확립할 필요가 있다. 변호사단체가 변호사회원들을 보호한다는 명분으로 국민의 비판으로부터 눈과 귀를 닫아버린다면 변호사 자치의 구현은 요원한 일이 되고 말 것이다. 변호사단체가 국민들로부터 신뢰를 받고 그 신뢰를 기반으로 제대로 된 변호사 자치를 실현하기 위해서는 변호사법과 변호사윤리규약의 내용을 국민적 기대를 충족시킬 수 있는 수준으로 정비하여야 하며, 그러한 규범이 규범력을 제대로 발휘할 수 있도록 지속적으로 회원들을 교육하고, 규범 위반에 대한 엄중한 제재를 부과하는 자세를 가질 필요가 있다. 변호사단체의 부단한 자기개혁만이 국민의 신뢰를 얻는 길이 될 것이고 그러한 신뢰의 확보는 궁극적으로 변호사단체에 온전한 자치권을 부여할 수 있는 사회적 합의로 이어지게 될 것이다.

사항색인

책임연구위원 약력

이광수(李光洙)

서울대학교 법과대학 법학과 졸업

제27회 사법시험 합격 / 사법연수원(제17기) 수료

대법원 양형위원회 위원 / 법무부 형사법개정분과특별위원회 위원

(현) 서울지방변호사회 법제이사·법제연구원 부원장

연구위원 약력

정성희(鄭性姬)

고려대학교 노어노문학과 졸업

고려대학교 국제대학원 졸업(국제지역학 석사)

영국 브리스톨 대학교 법학석사(School of Law, Univ. of Bristol, UK, 2002. 6.)

제49회 사법시험 합격 / 사법연수원(제39기) 수료

영국 Clifford Chance LLP(London, UK) 본사 근무

(현) 법무법인 시화 구성원 변호사

조용준(趙庸準)

서울대학교 법과대학 법학과 졸업

제27회 사법시험 합격 / 사법연수원(제17기) 수료

서울중앙지방법원 부장판사

(현) 법무법인 세종 구성원 변호사

서울지방변호사회 법제연구원 연구총서 08
변호사단체의 자치성 보장방안 연구

초판인쇄   2016년 12월 30일
초판발행   2017년 1월 5일

연구위원   서울지방변호사회 이광수·정성희·조용준
펴낸이   안종만

편 집   이승현
기획/마케팅   조성호
표지디자인   조아라
제 작   우인도·고철민

펴낸곳   ㈜ 박영사
              서울특별시 종로구 새문안로3길 36, 1601
              등록 1959. 3. 11. 제300-1959-1호(倫)
전 화   02)733-6771
f a x   02)736-4818
e-mail   pys@pybook.co.kr
homepage   www.pybook.co.kr
ISBN   979-11-303-2968-0   93360

copyright©서울지방변호사회, 2017, Printed in Korea

정 가   20,000원